青岛民建简史

中国民主建国会青岛市委员会　编

中国海洋大学出版社

·青岛·

图书在版编目（CIP）数据

青岛民建简史／中国民主建国会青岛市委员会编
. —青岛：中国海洋大学出版社，2022.6
ISBN 978-7-5670-3176-0

Ⅰ.①青… Ⅱ.①中… Ⅲ.①中国民主建国会—历史
—青岛 Ⅳ.① D665.4

中国版本图书馆 CIP 数据核字（2022）第 101792 号

QINGDAO MINJIAN JIANSHI
青岛民建简史

出版发行	中国海洋大学出版社
社　　址	青岛市香港东路23号　　　**邮政编码**　266071
网　　址	http://pub.ouc.edu.cn
出 版 人	杨立敏
责任编辑	滕俊平　　　　　　　**电　　话**　0532-85902342
电子信箱	appletjp@163.com
印　　制	青岛乐泰印刷包装有限公司
版　　次	2022 年 7 月第 1 版
印　　次	2022 年 7 月第 1 次印刷
成品尺寸	170 mm × 240 mm
印　　张	14.25
字　　数	234 千
印　　数	1 ~ 3000
定　　价	59.00 元
订购电话	0532-82032573（传真）

发现印装质量问题，请致电 0532-68868228，由印刷厂负责调换。

编 委 会

2019 年 8 月 1 日，中共山东省委常委、青岛市委书记王清宪（前左二）走访民建青岛市委会机关

2018 年 2 月 9 日，中共山东省委常委、青岛市委书记张江汀（左二）走访民建青岛市委会机关

2013 年 2 月 5 日，中共山东省委常委、青岛市委书记李群（前中）走访民建青岛市委会机关

2009 年 1 月 5 日，中共山东省委常委、青岛市委书记阎启俊（中左二），市人大常委会主任张若飞（中左一），市长夏耕（前左一），市政协主席孙德汉（后右一）等走访民建青岛市委会机关

2020 年 12 月 28 日，青岛市政协主席杨军（左二）走访民建青岛市委会机关

2015 年 3 月 31 日，青岛市政协主席张少军（左一）走访民建青岛市委会机关

2013 年 12 月 13 日，青岛市政协主席王书坚（前中），中共青岛市委常委、组织部部长、统战部部长边祥慧（前左一）到民建青岛市委会机关视察

2008 年 6 月 3 日，青岛市政协主席孙德汉（左二）走访民建青岛市委会机关

前言

　　在中国共产党百年华诞之际，以《青岛民建六十年》为基础，我们对民建青岛地方组织的历史重新进行了修订、补充和完善，这不仅可以及时地记录我们曾经走过的历程，为后人留下可资查阅的历史资料，也能为今后的会员培训提供一部鲜活的教材，对于教育引导广大会员牢记合作初心、传承优良传统、推进民建事业，都具有十分重要的意义。

　　习近平总书记说过，一切向前走，都不能忘记走过的路；走得再远、走到再光辉的未来，也不能忘记走过的过去，不能忘记为什么出发。在会史学习中，我们必须牢牢把握正确的政治方向，教育引导广大会员不断增进对中国共产党和中国特色社会主义的政治认同、思想认同、理论认同和情感认同，始终不渝地与中国共产党想在一起、站在一起、干在一起。面对新形势、新任务，我们要坚持用习近平新时代中国特色社会主义思想为指导，在民建上级组织和中共青岛市委领导下，围绕工作中心，服务发展大局，积极履职尽责，努力做中国共产党的好参谋、好帮手、好同事。

陈增敬

2021年10月

第十四章　民建青岛市第十二届委员会（2017年1月至2021年10月）

第一章 民建青岛市分会筹备委员会

（1951年3月至1954年3月）

第一节 民建青岛市地方组织的筹建

中国民主建国会（简称"民建"）于1945年12月16日在重庆成立，成员主要是爱国的民族工商业者和所联系的知识分子，发起人有黄炎培、胡厥文、章乃器、施复亮、孙起孟等。民建成立后，积极参加新民主主义革命斗争。1948年，民建响应中国共产党发表的关于召开新政治协商会议、成立民主联合政府的"五一口号"，派代表赴解放区参加筹备工作，标志着民建最终选择了接受中国共产党的领导，与中国共产党团结合作。1949年9月，民建代表出席了中国人民政治协商会议第一届全体会议，参与制定《中国人民政治协商会议共同纲领》（简称《共同纲领》）①，选举中央人民政府，为中华人民共和国的成立做出了贡献。

1949年6月2日，青岛解放。9月28日，青岛市军事管制委员会召开青岛市各界人民代表会议，决定成立青岛市工商业联合会，会址设在中山路72～74号。11月15日，在中山路1号中苏友好协会会议厅，青岛市工商业联合会（简称"青岛市工商联"）筹备委员会成立会议召开。会议通过了工商联组织简则及工作纲领，推选了筹备委员会正、副主任委员，常务委员，秘书长。刘文东

---

① 这个纲领是在中国共产党领导下，于1949年9月通过的。它确立了中华人民共和国的国体和政体，决定了当时国家在各方面的重大方针政策，在新中国成立初期具有临时宪法的作用。

任主任委员，郭士毅、迟谦若、柏坚、黄元吉任副主任委员，陈仰之任秘书长。1950年6月，刘文东调往北京，另有15名委员工作发生变动。1950年冬，青岛市工商联筹备委员会副主任委员黄元吉，常委范澄川、葛慎修到北京列席全国政协会议，经时任民建总会常务理事、民建总会委员会副主任委员施复亮介绍加入民建。3人返青后即着手发展会员，筹备建立青岛市民建组织。1951年1月，青岛市工商联筹备委员会第四次会议决定调整组织，增补委员，常委由17人增至21人，黄元吉代理主任委员。

1951年3月7日，《青岛日报》刊登的关于民建青岛市分会筹委会成立的新闻

　　1951年3月5日，民建青岛市分会筹备委员会（简称"筹委会"）正式成立。3月19日，民建总会组织委员会第22次会议通过了刘涤生、崔岩、迟谦若3人正式入会，筹委会增至6人，随后，指定黄元吉、刘涤生为召集人。4月29日，民建总会组织委员会第24次会议通过了杨浩春、崔荣求、张明、高振崑、王轶群、李腾蛟、迟子铮7人加入民建。5月23日，民建总会组织委员会第27次会议通过了童昌基、刘启堂、张克俊、李功九、郭次诚、王其如、翟蔚庭、陈仰之8人加入民建。至此，青岛市民建会员达21人。6月1日，经筹委会报呈民建总会批准，李腾蛟、杨浩春、张克俊3人增补为筹委会成员，形成了以黄元吉和刘涤生为召集人，葛慎修、迟谦若、张克俊、李腾蛟、杨浩春、崔岩、范澄川为成员的9人筹备委员会。

　　在征得中共青岛市委统战部同意后，1952年10月21日，筹委会第73次会议决议将现有召集人改为正、副主任委员，推选黄元吉为主任委员，刘涤生为副主任委员。11月

1952年，中国民主建国会总会关于批准黄元吉为青岛市分会筹委会主任委员的批复

10日，此决议经民建总会常务委员会第九次会议批准同意。

筹委会成立后，基层组织建设工作也相继展开。民建台东筹委会由青岛火柴厂副厂长迟序诚担任主要负责人组织筹建。民建四方筹委会由私营青岛大中染厂的副厂长迟子铮和私营青岛增兴染厂的副厂长李功九担任主要负责人组织筹建。

筹委会成立初期，领导机构尚不健全。主要工作一方面根据民建总会"以中小为基础，以进步为骨干"的方针发展会员，另一方面号召会员积极参与抗美援朝、土地改革、镇压反革命三大运动。

第二节　思想建设

筹委会成立后，通过大会、小会、个别谈话等方式，结合工作和学习实际对会员进行思想教育。

一、树立忠诚接受中国共产党领导的思想

筹委会通过学习中共党史和会的性质及任务，开展现实教育，帮助会员认识新中国成立后在中国共产党领导下取得的伟大胜利，清除了国民党反动宣传的残余影响，同时也批判了个别会员把接受党的领导认为是"被动""不够味"的错误思想，使会员进一步认识到只有接受中国共产党的领导，才能避免发生政治上的错误，才能有今天民建的巩固和发展。

1950年，黄元吉在工商业爱国示威游行大会上讲话

1951年7月24日和1953年1月10日，工商界爱国公约进行了两次修订。公约要求，要努力学习时事政治，提高思想政治认识，全心全意依靠工人阶

级，服从国营经济领导，改善经营管理，改进生产技术，提高质量，降低成本，促进物资交流，厉行增产节约，深入开展抗美援朝运动。

1952年7月，民建总会召开第二次总会扩大会议，大会决定，民主建国会更名为"中国民主建国会"（简称"民建"）。大会通过了《中国民主建国会会章》。会章规定了民建的纲领和任务。随后，民建总会发出通知，要求各分会配合当地工商联筹委会，在工商界中普遍开展对《共同纲领》

1951年12月，"三反""五反"宣传展览

和民建会章的学习。民建青岛市分会筹委会组织会员通过座谈会、汇报会等方式，及时掌握了工商界的思想情况，端正了部分会员的入会动机。举办了11次经济讲座，民建会员和工商界成员受到教育人数总计4800多人次。先后派23人赴华东人民革命大学政治研究院和山东省民主党派干部训练班学习，为会培养了骨干力量。在中苏友好月活动中，组织了两次报告会、两次会内座谈会，加强对会员的社会主义和爱国主义教育，号召会员自觉接受中国共产党的领导。

二、学习国家过渡时期总路线

在各项爱国活动和经济活动中，通过宣传政府税收政策、参加物资交流大会、举办中苏友好活动月等活动对会员进行了爱国主义和国际主义宣传教育。

国家过渡时期总路线[①]宣布后，1953年12月2日召开各基层小组长联席会议，传达关于国家过渡时期总方针、总任务的学习计划以及民建总会全体委员会议的各项决议。在会内举办了工商界全体会员参加的会务学习班，组织会员进行了13天"半日制"集中学习，使会员普遍提高了思想认识，加深了

---

① 国家过渡时期总路线是指1953年中共中央制定的指导全国人民全面开始从新民主主义向社会主义过渡的基本纲领和路线。过渡时期总路线的基本内容是：从中华人民共和国成立到社会主义改造基本完成，这是一个过渡时期。这个过渡时期的总路线和总任务是，要在一个相当长的时期内，逐步实现国家的社会主义工业化，并逐步实现国家对农业、手工业和资本主义工商业的社会主义改造。

对总路线的理解。

三、接受国营经济领导

通过对《共同纲领》的学习，会员认识到，要在国营经济的领导下，使私人资本主义经济进一步纳入国家资本主义道路。会员王文衡在承担加工任务过程中，多织了190打裤子，交给百货公司，并紧缩开支，降低成本，主动将工缴费由每打1.9万元降为1.3万元，并积极推动行业将产品价格由每打5.8万元降为5.4万元，对打击奸商囤积物资、哄抬物价，稳定行业市场稳定，繁荣地方经济，起到了积极作用。

第三节　组织建设

筹委会会址先设在中山路74号，1951年9月，迁至江苏路2号办公，并配备了张明、高佩峰、赵光纲3名机关干部和张志良、邢宜安2名服务员。筹委会包括有工资工作人员5名，无工资兼职干事6人。

筹委会成立初期的会务工作，一般性的号召比较多，具体性的工作比较少，筹委会的组织作用尚未很好发挥。随着会员的增加，筹委会的领导机构也进行了适当扩大，并开始分工，设立组织组、宣教组、秘书组。1951年9月12日，筹委会第39次会议召开，协商推选葛慎修、崔岩分任组织组正、副主任，

中山路72～74号

范澄川、迟谦若分任宣教组正、副主任，张克俊、李腾蛟分任秘书组正、副主任。12月5日，又增补王轶群、郭次诚、李功九为组织组干事，谢恩光、戴麟、李达五为宣教组干事。

1952年9月1日，筹委会成立了工商研究组，由张克俊担任主任，周棣轩任副主任，秘书组主任由杨浩春担任。12月15日，由青岛市政府授权，筹委会成立工作委员会，负责提出私营工商业者纳入国家资本主义轨道的方案和投资公司组织方案，下设工业组、商业组、投资公司组。1953年9月8日，调用李达五任秘书组干事。

筹委会按民建总会组织处的要求，主要面向中小工商业者发展会员，重点争取铁工、化工等行业的工商业者入会。1951年年底，筹委会已发展会员73人，其中私营工商业者占75.1%，这些会员主要分布在印染、纺织、烟草、机铁、酱油、火柴、印刷7个工业行业，以及土产、粮油、进出口、金融、百货、布业、轮船运输、茶叶、图书文教等10个商业行业中，公营企业和财经机关工作者等占24.9%。1952年上半年，因民建总会的指示而暂停发展会员，下半年恢复发展，主要在中上层工商界人士中发展会员，但入会程序更加缜密，包括会员提名、组织组掌握、小组通过、筹委会批准、总会备案、举行入会仪式等步骤。对有问题的会员分别给予了不同的纪律处分，严重警告、警告、劝告各1人，清洗了涉毒坏分子1人。1952年年底民建青岛市分会共有会员103人，至1954年3月10日召开第一次会员大会时，共有会员120人。

会员活动最初主要是采用集中到会内进行学习的方式，自1952年民建总会第二次扩大会议后，为了适应会员数量发展的要求，结合工商业界会员实际情况，按区域重新分编了地区小组，使小组活动内容更加丰富多彩。

1958年6月，第三届青岛市人代会上工商业界代表照片
（第一排左为黄元吉，右为葛慎修）

第四节 履职尽责

一、参加抗美援朝和社会主义建设

1951年6月，中国人民抗美援朝总会号召全国人民捐献飞机大炮，青岛民建会员热烈响应，先后召开两次会议，发动会员开展增产节约活动，踊跃捐献飞机大炮，会员陈孟元任董事长的阳本公司独捐飞机1架。在民建会员的带动下，全市工商界完成捐献飞机20架的任务。除了发动会员捐款捐物支援前线外，还邀请了赴朝慰问团代表刘年义、钱钟汉两名同志到会演讲。在志愿军出国作战两周年和八一建军节期间，派代表去医院慰问了伤病员。积极参加各级单位组织的优抚工作，慰问烈军属，会员杜均寰因在优抚工作中的积极表现，被评为青岛市优抚模范。

在1951年全市物资交流工作中，组织会员积极参加市政府主办的物资交流大会，在会场布置、招待各地代表等工作中表现突出。发动会员收购了豆油3000余桶以及多宗农民滞销的农副产品。不少会员在行业的互助互查工作中，发挥了骨干带头作用。如会员陈孟元将账外资金一并交出，增设织布机200台，宿舍106间。

在工商界自查补报反偷漏税的斗争中，发动会员自查补报，报缴营业税、所得税。通过动员大会、小组座谈等方式，号召会员做好自身检查，在各行各业中起到了带头推动作用。会员王趾仁在市民评会上得到税务局的表扬。

在普选运动中，号召会员积极学习，投身运动，深入群众，广泛宣传，多名会员当选各区的人民代表。

二、投入增产节约运动

筹委会通过举办经济讲座向会员宣传政府的政策法令，通过各种会议了解工商界存在的问题，及时向政府反映，出台措施解决问题，逐步消除了会员及工商界的消极情绪，提高了其生产经营的积极性。

1952年，分别召开私营工业、商业代表会议，号召工商界积极开展爱国主义增产节约运动。

1953年，配合国家的大规模建设，数次召开劳资关系座谈会，研究讨论如何帮助会员解决企业联营所存在的问题，教育会员进一步依靠工人阶级搞好生产，提高质量，降低成本。9月8日，召集印染业会员举行座谈会，研究讨论本会应如何帮助解决印染业联营所存在的问题，配合有关单位协助阳本印染厂搞好生产。通过增产节约运动，生产有了很大的发展。如印染业部分会员经营的工厂，通过技术交流，改进技术设备，次布率由6.8%降低到2%，产量也有

青岛市召开私营企业增产节约动员大会

很大提高；纺织业会员所经营的工厂，在1953年年中，甲等布由5月的56%提高到80%；制造业会员高振崑积极研发技术，发明了自动开合双刃铇齿器；酿造业会员丁人屏，建议在酱油制造过程中，少用或不用酱色以节约粮食，得到了政府的重视。

第五节　会务活动

1952年2月24日，市委统战部建议召开了筹委会紧急会议，黄元吉首先传达了民建总会关于会员的奖惩办法和指示。会上，筹委会的几位成员坦诚地交代了自己的问题。中共青岛市统战部副部长林一夫做了讲话，他说这次运动是全国人民的事，统战部有责任和民主党派协商帮助，互通情况。

1953年元旦，筹委会召开了会员座谈会，并与民革、民盟一起举办联欢晚会。

1953年1月，组织会员听取山东大学校长华岗的系列报告，通过对苏联社会主义建设飞速发展的了解，结合会员的工作实际，召开小组讨论会，使会员坚定了中国共产党的正确领导，更加坚信了社会主义制度的优越性。

1953年3月，筹委会组织了两次会员座谈会，悼念斯大林逝世；召开商业会员座谈会，为全市商业大会做准备。

1953年4月，在会内举办会员会务学习班，讲解民建的性质和任务。举办经济讲座，在社会各界引起了很好的反响。

1953年5月26日，筹委会召开第89次会议，民建青岛市分会第一届会员大会的准备工作正式进入工作日程，会议决议：参照北京市分会的组织规程，确定了民建青岛市分会委员会的组成架构和人数，并经市委统战部同意后报民建总会核备；将分会筹委会第一届会员大会的工作计划草案分发给各小组讨论；由杨浩春、李腾蛟、张明等5人组成大会秘书处推动各项筹备工作。

1953年6月30日，筹委会会议决议由主任委员黄元吉出席民建总会委员会全体会议。

1953年7月7日，讨论并通过了民建总会寄来的青岛市分会第一届会员大会的政治报告（草稿）全文。

1953年8月4日，筹委会开会决议，因民建总会委员会会议已经延期召开，青岛分会的成立日期和第一届会员大会召开日期顺延。

1953年11月11日，召开全体会员组长会议，号召会员在自查补报的基础上，进一步做好所得税估征工作，并由印染、印刷、进出口、竹麻木瓷4个行业的会员介绍典型经验。

1954年2月18日，民建总会函复批准青岛市分会委员会选举办法，委员会名额为13人，候补委员4人。

1954年3月1日，由李达五誊写、杨浩春核办的《拟于三月十号召开会员大会选举成立市分会》的公函报请民建总会。

第二章 民建青岛市分会委员会

（1954年3月至1956年5月）

第一节 民建青岛市分会第一届会员大会

为总结民建青岛市分会筹备委员会3年来的工作，选举产生中国民主建国会青岛市分会第一届委员会委员，中国民主建国会青岛市分会筹备委员会报中国民主建国会总会批准，决定召开第一届会员大会。

在大会开幕之前，筹委会草拟了《三年来的工作报告》《中国民主建国会青岛市分会组织规程》和《中国民主建国会青岛市分会委员会选举办法》，并分别召开筹委会第103次、104次会议，要求民建各小组召开会议，研究讨论上述文件并提出意见。经过小组讨论修改后的选举办法和组织规程报送民建总会审查批准。1954年3月1日，民建总会对青岛市分会报送的选举办法、组织规程进行修改后予以同意并批复。

1953年，中国民主建国会总会函复青岛，同意在7月底成立分会等

1954年3月10日，中国民主建国会青岛市分会第一届会员大会在中山路74号青岛市工商联礼堂召开。会期1天，当时共有会员120人，实到会员116人。会议总结了3年来民建青岛市分会筹委会的工作，并根据国家在过渡时期总路线、总

任务的要求和民建总会的指示,确定了民建青岛市分会今后的努力方向。

中共青岛市委统战部副部长林一夫到会讲话。他在讲话中对民建青岛市分会筹委会3年来的工作予以肯定,并要求民建会员认真学习国家对资本主义工商业改造的政策,与所联系的群众进行宣传和解释;要加强爱国守法教育,彻底清除"五毒";民建会员应积极接受利用、限制、改造的政策,成为爱国守法的工商业者,以便为工商业界树立典范;希望民建大力培养骨干分子,以涌现出更多的先进分子。

民革青岛支部筹委会负责人徐一贯、民盟青岛支部主委童第周、九三学社青岛直属小组组长陆侃如、青岛市工商联副主委徐文园、青年团青岛市委代表孙启珊、民建总会副秘书长俞寰澄等到会祝贺并讲话。吴大琨致开幕词,黄元吉代表分会筹委会做了"中国民主建国会青岛市分会筹备委员会3年来的工作报告"。报告介绍了民建会员参加学习、进行思想改造、参加爱国运动、开展增产节约的工作情况。报告提出:在工商界中要大力进行爱国守法的政治思想教育,要求成员正确地认识国家的政策,忠实地接受人民政府的管理、国营经济的领导及工人阶级的监督;提高生产经营的积极性,创造条件,自觉地将企业推上国家资本主义的道路,为逐步实现国家对资本主义工商业的社会主义改造而奋斗。会员分组讨论后认为,工作报告总结的情况是符合实际的,提出的努力方向是正确的,明确了民建会员应该带领广大工商业者愉快地、自觉地接受国家对私营工商业者的利用、限制和改造的政策。朱一平、李功九、王轶群、戚文轩代表各组在大会上发言。

大会通过决议,同意黄元吉所做的工作报告,通过了《中国民主建国会青岛市分会组织规程》和《向毛主席致敬电》,选举产生民建青岛市分会第一届委员会。黄元吉、南竹泉、葛慎修、吴大琨、陈孟元、周志俊、高振崑、崔岩、崔继英、张克俊、杨浩春、迟子铮、迟谦若13人为委员,刘启堂等4人为候补委员。黄元吉为中国民主建国会青岛市分会主任委员,南竹泉、葛慎修、吴大琨、陈孟元为副主任委员。至此,中国民主建国会青岛市分会正式成立。

1955年5月2日,经中国民主建国会总会常委会批准,南竹泉同志因工作调动离青,辞去副主任委员职务,由崔继英同志接任。

第二节 思想建设

中国民主建国会青岛市分会成立后，根据民建总会的指示，对会员进行了爱国守法教育，明确了教育的方针；培养和提高工商业会员的爱国守法思想，使其努力做到积极地、自觉地爱国守法；帮助他们接受社会主义改造，积极改进生产经营，消除"五毒"和其他一切违法行为，并在工商业界中发挥骨干作用。

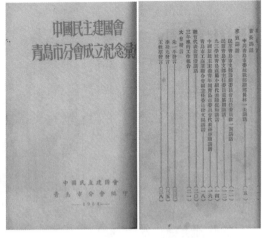

1954年，《中国民主建国会青岛市分会成立纪念刊》

通过座谈会、报告会、小组会、参观访问、半日制集中学习等方式，组织会员学习《中华人民共和国宪法》，第一届全国人民代表大会第一、二次会议报告，发展国民经济第一个五年计划，《公私合营工业企业暂行条例》等文件，提高了会员的思想觉悟，消除了会员的不正确想法，坚定了会员接受社会主义改造的信心，使其增强了爱国守法观念，提高了生产经营积极性，在工商业界发挥模范、带头、桥梁作用的人越来越多。

1956年10月，民建青岛市分会组织会员学习中共八大会议精神，认真学习中共中央提出的与各民主党派"长期共存、互相监督"的方针政策。通过学习，民建会员更加明确了民主党派的地位和作用，提高了为把我国建设成为伟大的社会主义国家而努力奋斗的积极性。

第三节 组织建设

民建青岛市分会第一届委员会设秘书处、组织处、宣传教育处和工商研究委员会等内部机构。民建青岛市分会的办公地点在江苏路2号，该栋住宅为委员周志俊捐献。

按照民建总会"以巩固和提高为本"及"在巩固和提高的基础上稳步发展"的组织方针，民建青岛市分会以巩固原有的机构为重

设在江苏路2号的民建青岛市分会办公地点

点，积极发展会员，仅1956年就发展新会员275人，截至1956年年底共有会员407人，比1955年增加了2.1倍。同时，根据民建总会的指示，结合青岛市的具体情况，按照"地区相邻、行业相近、大小相称、适当考虑骨干配备"的原则，采取"重点试办、取得经验、全面推广"的办法，1955年9月以台东区染织业为试点，筹备建立第一支部。11月，经过酝酿支部委员候选人名单，召开支部会员大会，正式成立第一支部。从10月起，逐步把基层组织改建为支部。1956年4月底，新成立5个支部筹委会。到1956年年底，又增加了妇女支部筹委会和沧口区支部，将原有支部和支部筹委会增加到8个。各支部委员会（筹委会）的工作秩序和制度逐步建立，支部负责人每月一次的联席会议制度和支部定期会议制度也建立起来了。

第四节　履职尽责

一、推动全行业公私合营

1953年10月，中共中央提出过渡时期总路线后，国家对私营企业有领导、有计划、有重点地进行社会主义改造，民建会员积极响应。1954年9月6日，中央人民政府公布《公私合营工业企业暂行条例》，民建总会于9月14日发出通函，号召地方组织和会员深入学习、讨论。

民建青岛市分会为了协助政府对资本主义工商业者进行社会主义改造，通过座谈会、小组会、个别交谈等方式，对会员进行具体的指导和帮助。1954年5月，民建青岛市分会通过批评个别会员在公私合营过程中对抗改造的错误，结合表扬先进会员积极推销公债的典型事例，对会员进行教育。会员刘启堂召开纺织业座谈会，宣传公私合营的优越性，使该行业的工商业者在思想上有了提高。一个月内，申请公私合营的工业会员由原来的22户增加到193户。到1954年11月，全部工业会员都申请了公私合营，其中有10户得到政府的批准。1955年第一季度，国家提出"统筹安排、按业改造"的方针后，民建青岛市分会通过座谈会了解重点行业会员的企业生产状况和存在的问题，帮助会员消除"坐待安排"的消极情绪，使其能以积极的态度提高质量、降低成本、克服困难、创造条件争取公私合营。同时配合市政府和工商联，组成工作组，对两家问题特别突出的会员工厂进行调查整顿。根据市政府的部署，对合营企业进行清产核资和定股定息。公私合营的企业，不分工商、不分大小、不分盈亏、不分地区、不分行业，统一股息为每年5厘，发10年。

1956年1月19日，青岛市工商界召开临时代表会议，民建会员、工商业者纷纷要求早日实行全行业公私合营。1月20日，青岛市人民政府批准全市23个私营工业行业和24个私营商业行业实行公私合营。同日，民建青岛市分会召开庆祝全行业合营大会，由分会副主委崔继英做报告。大会通过了《中国民主建国会青岛市分会委员会全体会员接受社会主义改造决心书》。民建青岛市分会还发动会员参加公私合营工作委员会、工作大队及青年服务队等组织，协助政府做好公私合营后的清产核资、经济改组和人事安排等工作。

二、积极认购公债

在我国国民经济恢复工作全面完成后，国家进入大规模经济建设时期，需要通过发行公债为实现社会主义工业化募集资金。从1954年开始，中央人民政府连续5年发行国家经济建设公债以支持国家建设，私营工商业者是公债的重点推销对象。1954年1月9日，青岛工商界公债推销分会正式成立，委员共有51名，公私合营的私方成立了56个支会。2月，民建青岛市分会主委、市工商联合会主委、市经济建设公债推销委员会工商分会主委黄元吉在全市工商界大会上发表讲话"全市工商界动员起来，积极认购公债，为支援国家经济建设而奋斗"。在国家开展的推销、认购公债支援国家经济建设活动中，民建青岛市分会会员、工商联成员以及全市工商业者积极热情地购买国家经济建设公债，提前缴款，超额完成任务。3月27日，工商界公债推销分会召开了全体支会委员扩大会议，总结公债认购工作的情况。截至12月15日，工商界实际交款770亿元（第一套人民币），超额完成650亿元的分配任务，实际交款总额占青岛全市总认购公债交款总额的65.7%。

第五节　会务活动

1954年7月，民建青岛市分会召开两次印染业会员座谈会，对忽视产品质量的错误行为进行教育。

1955年4月，民建青岛市分会针对会员所经营的企业逐步走上公私合营的具体情况召开座谈会，对会员进行教育。

1956年2月，共青团中央和全国青联为了鼓励在公私合营中起了积极作用的工商界青年，在北京召开了全国工商青年积极分子大会。民建青岛市分会的马绪涛、李功九、于汇霖等参加代表大会。与会代表受到毛泽东、刘少奇、朱德、周恩来、陈云、邓小平、陈毅等党和国家领导人的亲切接见并合影留念。

　　1956年3月29日至4月6日，民建中央同全国妇联、全国工商联召开了全国工商业者家属和女工商业者代表会议。青岛市代表牟秀云、杨秀清、许桂琴、萧钰卿、姜振义等代表参加了会议。毛泽东、刘少奇、周恩来、彭真、邓小平等党和国家领导人接见了全体与会人员。4月9日，与会代表返回青岛后，受到青岛市市长李慕的接见。李慕市长希望各位代表以实际行动推动资本主义工商业社会主义改造事业的发展。4月27日，青岛市妇联、青岛市工商联、民建青岛市分会联合召开工商业者家属和女工商业者代表会，传达会议精神，号召工商业家属和女工商业者努力工作，推动社会主义改造事业的新发展。

第三章　民建青岛市分会第一届委员会

（1956年5月至1958年12月）

第一节　民建青岛市第二届会员大会

1956年2月，民建青岛市分会第一届委员会根据民建青岛市分会组织规程规定，开始筹备召开民建青岛市第二届会员大会，并推选9人成立第二届会员大会筹备委员会，下设秘书处，分设秘书组、总务组，着手筹备工作，起草第一届委员会工作报告。同时，按照1955年中国民主建国会第一次全国代表大会通过的《中国民主建国会章程》第十六条关于"本会地方组织系统：直辖市、市会员大会或代表大会、市委员会、市常务委员会"的规定，民建青岛市分会委员会改称为民建青岛市委员会。根据新的民建组织规程，民建青岛市委员会制定了《中国民主建国会青岛市委员会组织规程》和《中国民主建国会青岛市第一届委员会选举办法》，并于1956年3月20日经市分会委员会第21次会议通过。

民建青岛市第二届会员大会于1956年5月6日在太平路市政协礼堂召开，会期1天。民建青岛市分会主任委员黄元吉致开幕词，中共青岛市委统战部副部长钟兆仁应邀到会并讲话，中国民主建国会中央常务委员会委员苗海南代表民建中央到会讲话。青岛市政协副主席廖弼臣及民革、民盟、九三学社、青联的代表致贺词。民建青岛市分会副主任委员葛慎修代表分会做工作报告。报告总结了两年来民建青岛市分会协助政府对资本主义工商业进行社会主义改造的工作情况和在巩固提高基础上稳步发展会员、建设组织的情况。

大会通过决议，同意葛慎修所做的工作报告，并提出今后的工作任务：加强政治思想教育，积极开展爱国主义和社会主义教育；协助政府做好对资本主义工商业的社会主义改造工作；积极发展会员，扩大骨干分子队伍；贯彻集体领导原则，发扬民主，加强团结，做好工作。

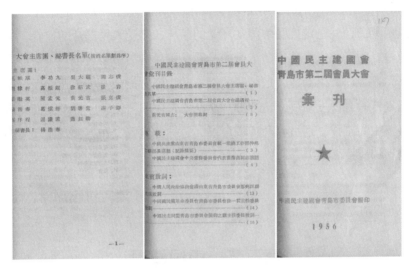

1956年的民建青岛市第二届会员大会汇刊

大会选举产生民建青岛市第一届委员会，黄元吉任主任委员，崔继英、葛慎修、吴大琨、陈孟元任副主任委员，杨浩春任秘书长。会议还选举产生了黄元吉等11名常务委员。

1957年7月，黄元吉因反右派斗争扩大化，被撤销主任委员职务。7月16日，成立民建、工商联临时工作委员会，陈孟元任主任委员，崔继英、徐文园任副主任委员。

第二节　思想建设

民建青岛市第一届委员会根据当时的形势和任务，在中共青岛市委的直接领导下，积极贯彻"以劳动时间为基础，以社会主义工作岗位或企业为基地，以政治思想教育为统帅和灵魂"的方针，推动工商业者积极投入技术革命，为社会主义建设贡献技术才能，并结合中心工作，继续进行政治立场的改造。

1958年，民建青岛市委和青岛市工商联执委会要求成员通过检查自我改造规划、开展"双献""五比"①运动，要求工商业者与职工一起献技、献计，大搞技术革命，并坚定接受中国共产党的领导，接受人民群众的监督，向工人阶级学习。为了响应中共青岛市委的号召，民建青岛市委还推动工商业者开展"抗旱"等工作，工商业者把闲置的设备和物资拿出来支援工业建设。通过积极进行宣传教育，发动群众，开展"抓两头带中间"活动，推动工商业者积极参加各项中心工作。通过召开现场会议、总结经验等工作方法，推动工商业者的政治立场改造。

第三节　组织建设

1956年7月，民建青岛市第五次常委会通过《关于建立支部的工作方案》，确定以地区为主，结合行业性质相近、适当分配的原则来建立支部。在同一行政地区内，有条件的单独成立行业性支部，条件不够的成立地区性支部，在支部内尽可能按行业划分小组。将全部313名会员，划分为9个支部，1个直属小组。台东区第一支部由台东区染织业会员组成；台东区第二支部由台东区重工业会员组成；台东区第三支部由台东区轻工业会员组成；四方区支部由四方、沧口、阳本染织公司的会员组成；台西区支部由台西区会员组成；市北区支部由市北区会员组成；市南区第一支部由百货、绸布商业会员组成；

---

① "双献"即献技术、献计策；"五比"即比忠诚接受党的领导、比接受工人群众的监督和向工人阶级学习、比积极参加体力劳动、比贡献技术才能和业务经验、比政治理论学习。

市南区第二支部由市南区会员（除百货、绸布业会员外）组成；机关干部支部由银行和会内专职干部组成。7—9月，四方、台东等各区支部相继成立。

截至1957年4月，民建会员人数为490人。

1956年1月，青岛各界群众游行庆祝全市社会主义改造运动胜利完成

第四节　履职尽责

一、社会主义劳动竞赛

国家第一个五年计划，要求在全国的工业企业中全面深入地开展社会主义劳动竞赛和增产节约运动。1956年，民建青岛市委制订了工作计划，进行思想动员，交流先进经验，号召会员积极靠拢党和政府，依靠职工，积极投入社会主义劳动竞赛运动，以加强会员的社会主义改造。各支部组织制订计划，积极推动和检查工作。通过会员的努力工作，有多人被评为先进工作者。

1956年10月13—15日，青岛市召开工商界先进生产（工作）者会议，参加会议的有526人，其中，有先进生产者、先进工作者253人，先进单位代表107人，邀请代表166人。先进生产者代表杨文炳等6人在会上介绍先进经验，市委统战部副部长刘彬等进行了发言。会议向先进生产者、先进工作者和先进单位颁奖授旗，并向全市工商业者发出倡议书。

二、反右派斗争

1957年5月1日，《人民日报》发表了《中国共产党中央委员会关于整风运动的指示》，中共中央统战部在5月、6月召开了各民主党派负责人和工商界人士座谈会，欢迎党外人士参加整风运动。在整风过程中，工商业界代表性人士对党提出大量善意的批评和建议，希望通过整风运动正确处理人民内部矛盾，加强党同群众的团结。但是在整风过程中，极少数资产阶级右派分子趁机散布反党反社会主义的言论。1957年6月8日，《人民日报》发表社论《这是为什么？》，标志着一场全国规模的群众性反右派运动由此开始。1957年6月，民建和全国工商联召开常委联席会议，通过《全国工商界对右派分子展开坚决斗争》的联合指示，推动民建和工商联的反右派斗争。

1957年7月16日，民建、工商联成立青岛市工商界整风临时工作委员会。12月7日，青岛市工商界整风委员会正式成立，陈孟元为主任委员，崔继英、徐文园为副主任委员，并举行了两次工商界反右派斗争大会。1957年12月7日至1958年5月26日，为了帮助民建会员和全体工商业者进一步明确开展包括反右派斗争在内的全面整风运动的重要意义，宣传整风的方针政策，对民建会员和全体工商业者进行社会主义的政治思想教育，帮助广大工商业者从政治上、思想上过好社会主义这一关，完成"破资本主义立场，立社会主义立场"的伟大任务，青岛市

1957年，市工商界整风委员会编印的《整风简报》

工商界整风委员会编印出版了《整风简报》，共出刊24期。

青岛市工商界参加整风运动的成员有6024人，其中骨干分子（包括民建会员）为773人，其他私方人员为5251人。青岛市工商界整风运动从1957年10月开始，直至1958年5月基本结束，历时7个月。

三、自我改造

1958年2月，民建中央常委会召开会议，号召各地组织"领导会员，掀起自我改造大竞赛，力争3年内改造成为自食其力的劳动者"。

1958年6月18日，济南、青岛两市民建和工商联组织开展了自我改造"六比"竞赛，即比改造、比规划、比劳动、比贡献、比学习、比工商业者家属工

作。7月18—19日，青岛市工商界骨干分子贯彻社会主义建设总路线检查自我改造规划汇报会议召开，出席会议的除民建、工商联中的工商界骨干分子外，还包括重工业局、商业局、青联、妇联等机关单位的代表，有12名工商界骨干在会上发言。8月23日，民建青岛市委和青岛市工商联（简称"市两会"）在工商界开展"双献""五比"活动，参加这一活动的工商业者达5200余人，大部分人制定了"双献"规划。据不完全统计，全市工商业者有创造发明530件，试制成功新产品3544件，改造工具设备和技术操作462件，提出合理化建议和改善经营管理意见11703条。

第五节　会务活动

1957年7月5日，市两会在永安戏院召开青岛市工商界反击右派分子大会。出席会议的有民建会员，工商联各级组织的委员，区工商联主任、秘书，同业公会秘书等1000余人。会议由市工商联副主委、民建市委会常委周棣轩主持，市工商联副主委、民建市委委员徐文园做了报告。

1957年12月24—26日，青岛市工商界整风委员会在永安戏院举行青岛市工商界反右派斗争大会，有800余人参加会议。会上有35人对右派分子的错误言论做批判发言，民建市委副主委崔继英做总结报告。

1958年4月29日，各民主党派召开双周座谈会，决定把"向党交心"运动推向高潮。

1958年9月22日，市两会召集部分委员座谈会，出席会议的有陈孟元、李功九、杜均寰等13人。

第四章　民建青岛市第二届委员会

（1958年12月至1963年5月）

第一节　民建青岛市第三届会员代表会议

为贯彻执行党在过渡时期的总路线，推动工商业者继续深入开展"双献""五比"运动，把市两会组织由资产阶级性质改造成在党的领导下为社会主义建设服务的组织，民建青岛市委决定召开民建青岛市第三届会员代表会议。鉴于民建和工商联担负着同样的任务，为了更好地加强协作、开展工作，民建青岛市委和青岛市工商联执委会决定联合召开代表大会。1958年11月27日，民建青岛市委和青岛市工商联执委会制定了《关于联合召开第三届会员代表会议的工作方案》，选举产生民建青岛市第二届委员会和青岛市工商联第三届执委会。

民建青岛市委员会和青岛市工商联第三届会员代表会议，于1958年12月5—11日在中山路74号礼堂召开，民建会员实有385人，出席会议的代表有225名。中共青岛市委统战部部长李克应邀到会并讲话。民建、工商联临时工作委员会主任委员陈孟元致开幕词，副主任委员徐文园代表市两会做工作报告。

报告总结了整风运动和反右派斗争的基本情况与工作中的经验教训，并要求成员坚决接受中国共产党的领导，积极走社会主义道路。对工商界反右派斗争的情况进行总结，对工商业者在开展"双献""五比"运动中获得的成绩进行总结，对在工商业者中存在的厌倦改造的问题提出尖锐批评。报告提出，在推动工商业者积极参加各项中心工作并加速自我改造的过程中，市两会组织要积极依靠中国共产党的领导，政治挂帅，发动群众，完成中国共产党交给的任务。大会通过决议，同意徐文园所做的工作报告，要求市两会成员在中共青岛市委领导下，鼓足干劲，力争上游，贡献技术才能，为把自己改造成为自食其力的劳动者、把市两会改造成为社会主义服务的政治力量而奋斗。

会议要求彻底敞开思想，畅所欲言，联系实际，开展批评和自我批评。辩论基本结束后，中共青岛市委统战部部长李克做重要指示，李功九委员传达上海会议的精神和内容，各区之间交流了经验。会议最后通过了《青岛市工商界贯彻社会主义建设总路线，加速自我改造的竞赛协议书的意见》，各区签订加速自我改造的竞赛合同。

大会选举产生民建青岛市第二届委员会和青岛市工商联第三届执委会。陈孟元任民建青岛市第二届委员会主任委员，徐文园、刘彬任副主任委员，李功九任秘书长。徐文园任青岛市工商联第三届执行委员会主任委员，刘彬、周棣轩、孙鸿正、周世英（女）为副主任委员，刘宇光任秘书长。

第二节　思想建设

在工商界全面开展整风运动的同时，市两会贯彻"以政治思想为统帅，以劳动实践为基础，以企业或者工作岗位为改造基地，并把这三者紧密结合起来"的"三以"方针，经过实践、认识、再实践、再认识的反复过程，帮助和教育成员破资产阶级立场和思想、立工人阶级立场和思想、积极进行自我改造，引导成员逐步把自己改造成为自食其力的劳动者。

1958年12月25日至1959年1月22日，民建中央和全国工商联（简称"两会中央"）执委联席（扩大）会议在北京召开。为贯彻两会中央会议精神，1959年3月16—28日，民建青岛市委、工商联第三届执委会召开联席（扩大）会议，传达了两会中央执委（联席）扩大会议的重要精神与主任委员黄炎培的开幕词和两会中央工作报告。参加会议的各位委员对工商界加强学习、改造与服务相结合、推动工商业者改造等问题进行了专题讨论。

1959年12月5日，市两会召开了工商界动员大会，继续深入学习中共八届八中全会文件，鼓足干劲做出更大成绩向1960年元旦献礼。出席会议的有民建会员、工商界青年和家属700余人。

1960年11月至12月底，市两会对成员开展了多种形式的政策教育，进一步统一了成员思想，帮助成员克服生活上的困难，克服思想上的混乱，积极参加生产救灾运动。

1962年，根据两会中央《关于在工商界中开展爱国主义、国际主义、社会主义的思想教育，推动成员和家属鼓足干劲，努力增产节约的决议》精神，市两会开展学习"三个主义"的宣传教育活动，在青岛棉织厂、阳本染织厂、青岛车辆厂、青岛自行车厂等企业进行了"三个主义"教育。在形势和时事政策学习中，继续深入贯彻"神仙会"①的精神，坚持"骨干先行，带动一般"的做法，及时召开委员会或委员扩大会，使市两会骨干成员接受教育、提高认识。同时，各区学习中心组也通过开展政治理论和时事政策学习，提高基层成员的理论政策水平。

第三节　组织建设

鉴于大多数成员身兼民建和工商联双重身份，其工作对象和任务基本相同，因此，1957年，民建青岛市委员会机关由江苏路2号迁至中山路72～74号，与青岛市工商联合署办公。主要负责人在市两会交叉担任领导职务，实际上是两个委员会、两块牌子、两个印章、一套人马。市两会设立秘书处、组织

---

① "神仙会"是通过和风细雨的自由交谈、讨论和辩论来提高认识、统一思想的一种会议方式。最早由毛泽东在抗日战争时期的一次会议上提出。1960年，中共将这种会议形式运用到工商界、知识界和民主党派的会议上，以取代之前的大鸣大放、大辩论的会议形式。这种会议形式对正确处理人民内部矛盾、调动民主党派成员的积极性都起到了推动作用，是一种成功的统战工作形式。

处、宣教处3个处作为日常工作机构。

1962年，民建青岛市委对全市民建基层组织进行了改造。改造后的支部按照区域划分，台东区包括染织厂支部、棉织二厂支部、棉织六厂支部、台布厂支部、阳本染织厂支部、自行车厂支部、车辆厂支部、工具厂支部、锻造中心支部、联仁制钉厂支部、共和熔炼厂支部、同泰橡胶厂支部、青岛塑料厂支部、华昶锯木厂支部、台东饮食服务公司支部共15个支部；台西区包括纺绳厂支部、台西蔬菜果品公司支部共2个支部；市南区包括市南区百货支部、药材批发支部、外贸支部、机关支部、市南饮食服务公司支部、银行支部共6个支部；市北区包括市北区百货支部、百货批发站文化用品部支部、复兴祥橡胶厂支部共3个支部；四方区包括棉织八厂支部、棉织九厂支部、棉织十厂支部、玛钢厂支部、四方化工厂支部共5个支部；沧口区包括制药厂支部、棉织十一厂支部、沧口百货支部、烟酒糕点公司等5个支部。此外还专门设立了妇女支部。

截至1962年第一季度，青岛市共有民建会员385名，基层支部37个，其中企业支部3个、商业支部7个、工业支部16个、综合支部7个、机关支部3个、家属支部1个。从1959年开始，在反右派斗争中被错划为"右派分子"保留会籍的20名民建会员被陆续改正。

第四节　履职尽责

一、推动工商业者参加经济建设

1959年11月，广大工商业者贯彻学习中共八届八中全会精神，掀起增产节约新高潮。工商业者在提高思想认识的基础上，修整补充自己的个人规划，采取边修订边行动的做法，围绕企业的中心任务及生产经营中的关键问题，千方百计地革新技术项目。市两会成员在工业方面大搞技术创新，完成产值产量计划，提高产品质量与劳动生产率，全面贯彻多快好省的方针；在商业方面提高服务质量，做好供应，支援生产，为满足工农业生产及人民生活需要服务。对于涌现出来的先进典型，及时召开经验交流会进行总结并全面推广。积极发挥民建骨干分子的带头作用，以实际行动影响和带动其他工商业者。

通过组织参观第三钢铁厂、月子口水库、人民公社以及社会主义建设成就展览馆，使工商业者提高了认识，明辨了是非。很多工商业者通过学习完成了技术革新的指标，试制成功遥测转速表、线圈烘干器、六用针灸器、机械运转听检器等项目，既提高了工作效率、减轻了劳动强度，又保证了安全生产、节约了原材料。

二、开展自我改造竞赛

1960年3月12日至4月10日，市两会举行第三次委员会联席（扩大）会议，传达中华人民共和国主席刘少奇在民建和工商联领导人座谈会上的讲话精神，阐明政府"包一头，包到底"，工商界"顾一头，一边倒"（顾国家利益、人民利益这一头，倒向社会主义这一边，一心一意跟党走，一心一意接受社会主义改造，一心一意为社会主义服务）的政策；传达中共中央统战部部长李维汉、副部长徐冰、平杰三的讲话精神和有关工商界定息、高薪、年老体弱、病假工资、退休退职等问题的规定，并采取"神仙会"的方式，贯彻"三自方针"与"三不主义"①，运用和风细雨、摆事实、讲道理、以理服人的方法，解决在接受中国共产党的领导、服从工人阶级监督、进行自我改造、走社会主义道路方面存在的问题。会议最后宣读了《青岛市工商界加强自我教育自我改造决心书》，保证"听毛主席的话，跟共产党走，走社会主义道路"，在任何情况下不怀疑、不动摇。会议发出要与济南、烟台、淄博、潍坊等地两会开展自我改造竞赛的倡议书。

---

① "三自方针"即自己提出问题、自己分析问题、自己解决问题。"三不主义"即不抓辫子、不扣帽子、不打棍子。这是中国共产党充分发扬民主、正确对待不同意见的重要体现，也是统一战线在长期实践中形成的自我教育的重要方式。

三、做好家属工作

1961年5月18日，根据全行业公私合营后的形势发展和工作需要，市两会工商业者家属工作委员会成立，周世英任主任委员，韩居芬、许世英任副主任委员，负责推动工商业者家属做好帮助丈夫、教育好子女的工作。

家属委员会成立后，不断健全工作机构，深入开展家属工作，及时贯彻形势教育和政治思想工作，在帮助工商业家属勤俭持家、安排生活、教育子女、爱国守法等方面做了许多工作。同时，还加强了家属骨干分子的培养工作，建立健全了家属委员会基层组织和学习小组。截至1962年年底，已有市区街道中心学习组37个，参加学习的骨干分子有400余人；在街道成立了166个家属基层小组，组织起来的家属有2200余人。通过组织工商业者家属进行学习，推动和帮助工商业者家属认清形势、提高认识，达到了使其与亲人相互帮助、共同提高、努力改造的效果。

四、协助党和政府调整精简

1962年，两会中央召开精简工作座谈会，积极贯彻党和政府对于资产阶级工商业者的有关方针政策。市两会各级组织对工商界在精简中的思想情况和行动表现进行了调查研究，对态度端正、行动积极的成员进行鼓励，对存在问题的成员讲道理、进行政策宣传，帮助他们提高思想觉悟，消除不必要的顾虑和不合理的要求，使其积极愉快地服从国家的安排和分配。同时，及时了解贯彻执行政策的情况和工作中的实际问题，提出建议汇报给有关党组织，听取成员的合理意见和要求，以维护他们的合法权益。在1962年"并、停、缩、改"的企业中有工商业者234人，由于党的关怀照顾，有112人做了相应的职务安排。市两会根据实际情况，对精简后自愿辞职回乡、退休以及生活困难的工商业者，发放生活补助金进行补助。

第五节　会务活动

1958年12月20—29日，以民建山东省委委员艾鲁川为团长的山东省工商界自我改造工作检查团来青，检查青岛市工商界自我改造工作的情况。检查团一行在青岛听取了市两会关于自我改造情况的汇报，并对台西、市南等区市的工商业者改造情况以及青岛自行车厂、青岛车辆厂、青岛棉纺一厂等私方人员参加"双献"运动、参加学习和劳动等情况进行了检查。

1959年3月13日，市两会常委会联席会议召开。会议的主要内容是研究传达贯彻两会中执委联席扩大会议的精神和决议；讨论民建巩固基层组织工作方案（草案）、民建会员中右派分子会籍处理问题；讨论工商联1958年工作总结、两会1959年上半年工作打算。

1959年7月20—21日，为进一步推动工商业者"上马服务"，促使他们在增产节约运动中充分发挥出自己的技术才能，并为社会主义建设事业做出贡献，市两会召开青岛市增产节约经验交流会和青岛市工商界增产节约展览会。

1959年12月18日，市两会召开各区联主任汇报会议，号召成员抓紧年前十几天，立即行动，以苦干、实干、巧干的精神，积极实现个人规划，以做出更大成绩，向元旦献礼。

1960年3月19日，市两会常委就传达贯彻两会中央会议精神、对两会成员进行学习宣传等工作向中共青岛市委统战部部长李克进行了汇报。

1960年9月27日至10月29日，青岛市政协举行各界人士座谈会。市两会代表参加了会议，并在会上做了工作总结发言。

1961年5月3—18日，市两会召开委员（执委）第6次联席扩大会议，传达贯彻了两会中央会议精神，在工商业者中广泛深入地开展形势教育，帮助市两会成员和家属进行自我教育和自我改造。

1961年8月12日，市两会召开委员（执委）第7次扩大会议，传达两会中央会议精神，针对工商界的思想和存在的问题，广泛深入开展爱国守法教育，推动市两会成员制定爱国守法公约，反对商品走后门、损公肥私和贪污盗窃等不法行为。

第五章 民建青岛市第三届委员会

（1963年5月至1980年11月）

第一节 民建青岛市第四届会员代表大会

为贯彻民建中央和工商联执委会会议精神，对市两会成员和家属进行爱国主义、国际主义和社会主义的思想教育，推动他们积极响应中共八届十中全会号召，更加紧密地团结在中国共产党的周围，鼓足干劲，努力增产，积极为社会主义建设服务，认真进行自我改造和教育，市两会联合召开民建青岛市第四届会员代表大会和青岛市工商联第四届会员代表大会，选举产生民建青岛市第三届委员会和青岛市工商联第四届执委会。这次会议继续运用"神仙会"的方法，和风细雨，生动活泼，敞开思想，分析讨论；既有民主，又有集中，本着批评与自我批评的精神，进行同志式的相互帮助、相互启发，充分摆事实、讲道理，以达到明辨是非、提高认识的目的。

1963年4月20日至5月4日，民建青岛市第四届会员代表大会与青岛市工商联第四届会员代表大会在中山路74号市工商联礼堂联合召开，参加会议的代表有253人。4月20日，首先召开代表大会预备会议。会议通过了大会组织、议事议程，市两会第四届会员代表大会主席团及秘书长名单、主席团常务主席名单、起草委员会名单及起草委员会组织简则、提案委员会名单和提案委员会组织简则。会上还传达了中国民主建国会、中华全国工商业联合会执委联席会议《关于开展爱国主义、国际主义和社会主义教育的报告》，各小组深入讨论了这一报告。随后，市两会成员就省两会精神以及反对现代修正主义等进行了讨论。5月2日，第四届会员代表大会正式开幕，孙鸿正副主委代表民建第二届委员会和工商联第三届执委会做两会工作报告，中共青岛市委第一书记张敬焘到会做了"关于国际和国内形势和任务的报告"。与会代表围绕张书记的报告讨论后一致认为，听取报告之后深受教育，表示要把会议精神落实到工作中去，带动市两会成员积极投入增产节约运动，积极服务，努力进行自我教育和自我改造。

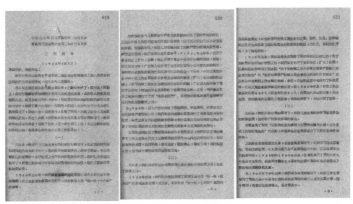

1963年5月，中国民主建国会青岛市第二届委员会、工商联第三届执委会工作报告

大会还通过了市两会第四届会员代表大会决议，同意孙鸿正所做的市两会工作报告，强调要继续深入开展爱国主义、国际主义和社会主义教育，积极响应中共八届十中全会号召，鼓足干劲，力争上游，开展增产节约运动；学习党的方针政策，正确认识阶级、阶级斗争的规律和自我改造的必要性。5月4日，市两会第四届会员代表大会通过了提案审查委员会关于提案审查的报告和民建青岛市第三届委员会和青岛市工商联第四届执委会选举办法。

截至5月4日，中国民主建国会青岛市第四届会员代表大会提案审查委员会共收到提案31件。提案包括的内容有：建议加强和整顿两会基层组织，改进工作作风；建议加强两会成员政治思想教育；建议有关工商业者退休、领取定息；建议加强互助金管理。

大会选举产生民建青岛市第三届委员会和青岛市工商联第四届执委会。陈孟元任民建青岛市第三届委员会主任委员，徐文园、杨添锦、孙鸿正任副主任委员，马绪涛任秘书长。徐文园任青岛市工商业联合会第四届执行委员会主任委员，杨添锦、周棣轩、孙鸿正、周世英任副主任委员，刘宇光任秘书长。

1963年12月21日，陈孟元主委因病去世。1964年6月，徐文园副主委调省两会。1966年年初，补选马绪涛为主任委员、侯光春为副主任委员、张积金为秘书长。此时民建共有会员361人。

第二节　思想建设

1963年7月，全国工商联和民建中央对工商界政治思想动态进行了分析研究，认为"一年来，工商界在国内外阶级斗争风浪中，发生了又一次大反复"。1963年10月10日至1964年2月5日，市两会多次召开常委联席扩大会议进行学习。

1964年7—9月，分三批对工商界及家属进行政治思想教育。

1965年1月，通过开展"四清运动"[①]，工商界得出共同结论：对中国共产党的领导离不得，假不得，疑不得；对资本主义道路走不得，羡不得，恋不得；对思想改造忘不得，厌不得，抗不得。

1966年5月至1976年10月的"文化大革命"，使国家和人民遭受到新中国成立以来最严重的挫折和损失。1966年8月，青岛市民建和工商联组织也被迫停止活动。经过拨乱反正，1978年，青岛市民建恢复组织和活动。1979年以后，民建青岛市委组织会员学习两会中央第三次全国代表大会精神及"坚定不移跟党走，尽心竭力为四化"的行动纲领，学习了中共中央副主席邓小平接见各民主党派、全国工商联代表大会代表时的讲话，明确了在新的历史时期民主党派和工商联的地位和作用，把民建的工作纳入为新时期总任务服务的轨道上来。民建青岛市委还组织会员学习统一战线政策，学习《中共中央批转中央统战部〈关于新时期党对民主党派工作的方针任务的报告〉的通知》等文件精神，要求会员解放思想，发挥优势，积极参政议政，为搞好经济建设献计

---

①"四清运动"即社会主义教育运动，是1963年到1966年5月先后在大部分农村和少数城市工矿企业和学校等单位开展的一次清政治、清经济、清思想、清组织的运动。

出力。

第三节　组织建设

位于太平路29号的民建青岛市委办公地点
（摄于2014年）

1977年10月，中共中央统战部邀集各民主党派、全国工商联负责人，转达中共中央关于各民主党派、工商联恢复活动的建议。1978年6月，经中共青岛市委批准，市两会成立临时领导小组，逐步恢复组织工作。临时领导小组成员有：负责人马绪涛，成员杨添锦、孙鸿正、周世英、刘启堂。

民建青岛市委办公地点暂设太平路29号，与市工商联合署办公。

1978年8月9日，中共青岛市委统战部下发《关于青岛市各爱国民主党派和工商联机构编制的报告》。中国国民党革命委员会青岛市委员会、中国民主同盟青岛市委员会、中国民主建国会青岛市委员会、九三学社青岛分社、青岛市工商业联合会5个组织恢复为市直（局、处）单位，单列行政编制，归统战部领导。每个党派除原有的驻会爱国人士主委、处长外，可先配备1～2名干部开展工作。

民建基层组织停止活动10年间，市两会基层组织和市两会成员发生了很大的变化。为恢复组织活动，市两会临时领导小组在缺乏基础资料和工作人员的情况下，对市两会成员的基本情况进行了摸底，制定整顿和恢复民建支部的工作方案。在恢复民建纺织支部试点的基础上，对民建支部进行整顿，将原来的34个支部调整为16个支部，编制支部会员名册。各支部研究确定活动的时间、地点和内容，使民建基层组织恢复正常状态。1980年第三季度，各民建支部按照民建章程有关规定，经过反复酝酿和民主协商，选举产生了支部委员会，健全了民建基层组织。

民建基层组织在恢复活动的同时，1980年下半年共发展了5名新会员。截至1980年10月，共有民建会员316名，其中，在职的会员有131名，退休的会员有174名，家庭妇女会员有11名。

第四节　履职尽责

一、协助中共青岛市委落实政策

协助中共青岛市委落实政策是市两会的一项重要工作内容，主要工作包括学习、宣传政策，了解、反映情况，并根据中央和省委关于原工商业者的各项政策和"右派分子"改正政策配合有关单位进行贯彻落实。

1979年2月16—17日，市两会临时领导小组召开常委联席扩大会议，马绪涛传达了两会中央武汉工作会议精神，中共青岛市委统战部负责人传达了中国共产党对民族资产阶级的若干政策规定，并通报了青岛市落实原工商业者政策的情况。随后，市两会组织了学习讨论和调查摸底。民建青岛市委在学习政策、调查研究的基础上，对会员需落实的政策问题，及时向有关部门和单位反映情况，提出意见，以尽快获得解决。对不属落实政策范围的问题，及时向本人讲明政策，协助相关部门和单位进行思想工作。"文化大革命"期间被遣送农村的会员重新回城工作，或者办理退休由子女进城顶替；被查抄的财物进行了清退，被挤占的私房得到返还；因遣返、内迁而停发、扣发的工资全部补发。1979年8月，市两会和其他党派联合召开欢迎改正后恢复党派关系同志座谈会，27名民建同志参加了会议。

做好来信来访工作是这一时期协助中共党委落实政策的一个重要环节。在民建市委会恢复组织和活动的两年中，共计收到来信159件，接待来访364

人次。来信、来访的问题大都是有关工资复领、遣返疏散、住房被占等问题。民建机关在调查核实有关方面的问题后，提出意见和建议，协助有关部门妥善处理。

二、推动市两会成员为"四化"服务

市两会为推动成员为"四化"多做贡献，从1979年上半年开始，先后召开了多次工程技术人员座谈会、先进生产者（工作者）为"四化"服务经验交流会和退休人员学习组长座谈会。在经验交流会上，参加会议的同志介绍了各自在进行技术革新、建立和健全企业管理制度、改革生产工艺、进行经济核算和向青年职工传授技术及业务知识等方面的工作成绩和体会。在1979年6月28日召开的青岛市民建、工商联两会成员先进生产者（工作者）经验交流会上，有76名先进生产者（工作者）参加了会议，其中民建会员有35名。先进生产者（工作者）代表在会上做了经验介绍。

1980年7月，省两会为"四化"服务经验汇报团来青岛市做报告，市两会组织了两场报告会，700余名成员听取了汇报团的经验介绍。市两会成员张诚杰、王恩树参加了汇报团并介绍了自己为"四化"服务的经验。

不少成员在中国共产党的政策感召下，在生产工作中做出了贡献。成员中被评为先进生产者（工作者）的人数逐年增多，很多成员担任了企业副厂长、副经理等职务，这些同志在各自工作岗位上发挥了自己的才能。还有一些老同志参加街道集体企业的筹办和整顿工作，为发展生产、接收待业青年、培训技术职工做出了贡献。

三、参加市政协活动

市政协工商组是由市两会领导小组推荐的20余名成员组成的，根据青岛市政协的安排，定期举行活动，共同研究讨论，反映情况，提出建议。在市政协学习委员会的领导下，由16名民建骨干分子组成民建学习组，每周集中学习一次。市两会推荐有关同志参加了政协工商组、法制组、妇女组和市政建设组；还组织成员参加政协举办的各种报告会和参观、访问等活动，帮助成员提高认识、认清形势、开阔眼界、增长知识。

第五节　会务活动

1963年10月10日至1964年2月5日，市两会召开常委联席扩大会议。会议的主要议题是更加广泛、更加深入地继续开展爱国主义、国际主义和社会主义思想教育。会议认为，在工商界开展爱国主义、国际主义和社会主义思想教育有着迫切、重要的意义，要求市两会成员认真学习、贯彻、落实。市两会各级组织必须深入调查研究，摸清情况，做好全面规划，长期打算，有计划、有步骤、分期分批地组织学习贯彻。

1964年6月16日，市两会召开青岛市工商界家属座谈会，号召城市青年上山下乡，动员工商界家属支持子女参加农村社会主义建设。

1965年7月30日至9月30日，市两会组织驻会主委、副主委、秘书长等16人到青岛车辆厂学习。

1979年10月26日，市两会出席两会中央全国代表大会的代表返青。10月30日，中共青岛市委统战部举办茶话会，热烈欢迎青岛市4个民主党派和工商联代表。中共青岛市委常委、秘书长牟周，统战部副部长赵宁，市政协副主席廖弼臣等应邀到会并讲话。各民主党派和工商联代表分别汇报了各组代表大会的精神和体会。马绪涛主委向中共青岛市委、统战部和政协的领导汇报了民建第三次全国代表大会和工商联第四次全国代表大会召开的情况。

1979年11月2—3日，市两会临时领导小组召开扩大会议，向领导小组成员和骨干传达两会中央全国代表大会精神，畅谈参加大会的感受和体会。与会的20余名同志进行了学习和座谈，研究制定了向青岛市两会成员传达贯彻全国代表大会精神和恢复民建支部活动、开展市两会工作的方案。11月28—30日，青岛市民建全体会员及部分工商业者大会召开，会议传达了民建、工商联全国代表大会的精神并组织成员进行了认真的学习讨论。

第六章 民建青岛市第四届委员会

（1980年11月至1984年3月）

第一节 民建青岛市第四次会员代表大会

1980年5月，山东省民革、民盟、民建、九三学社、工商联代表大会开幕之后，中共青岛市委统战部对青岛市各民主党派和工商联代表大会的召开筹备情况进行了安排。市两会临时领导小组根据市委统战部的要求，开始着手进行市两会成员代表大会的筹备。10月18日，市两会临时领导小组第43次（扩大）会议通过《关于召开中国民主建国会青岛市第四次代表大会和青岛工商业联合会第五届会员代表大会的方案》，确定了会议的主要议题及日程、代表的名额分配数量和会员代表的推选办法。会议筹备期间，对民建青岛市第三届委员会、青岛市工商联第四届执行委员会的工作报告进行了反复修改并征求意见。

根据《中国民主建国会章程》的有关规定和要求，民建青岛市第四次会员代表大会不再延续以往的届次，而是将会员代表大会的届数和民建市委会的届数一致。1963年5月2日召开的中国民主建国会青岛市第四届会员代表大会选举产生的是民建青岛市第三届委员会，民建青岛市第四次会员代表大会选举产生民建青岛市第四届委员会。

1980年11月19—22日，民建青岛市第四次会员代表大会与青岛市工商联第五届会员代表大会在市政协礼堂联合召开，参加会议的有民建会员代表70人、工商联代表95人。大会传达了中共中央副主席邓小平在中共中央政治局扩大会议上的讲话精神。孙鸿正致开幕词，马绪涛代表市两会做工作报告。报告全面回顾了民建青岛市委会和青岛市工商联执委会组织及成员在"文化大革命"中的经历情况；总结了1978年民建和工商联组织恢复活动后，在市委统战部和两会上级组织的领导和帮助下，做好调查研究、恢复组织活动、协助中共和政府落实政策、调动市两会成员为"四化"服务的积极性等各项工作的完成情况；总结了市两会成员学习党中央方针政策，贯彻全国人大、政协会议精神的情况。这次大会确定把市两会工作重点转移到为"四化"服务的轨道上来，要求市两会成员在中共青岛市委领导下，为实现社会主义现代化和完成祖国统一大业而努力奋斗。对于今后的工作，报告提出，要深入调查研究，进一步调动市两会成员为"四化"服务的积极性，为在20世纪末把我国建设成为现代化、高度民主和高度文明的社会主义强国贡献力量。

会议期间，中共青岛市委第一书记李治文，副书记、市政协主席刘维理到会并讲话，会后接见了全体与会代表。

大会选举产生民建青岛市第四届委员会。马绪涛任民建青岛市第四届委员会主任委员，张积金、谭良、孙鸿正、侯光春任副主任委员，张积金（兼）任秘书长。

大会选举产生青岛市工商联第五届执行委员会。马绪涛任工商联第五届执委会主任委员，张积金、刘世英、谭良、孙鸿正、周棣轩、周世英、刘启堂任副主任委员，刘启堂（兼）任秘书长。

第二节　思想建设

民建青岛市第四届委员会带领民建青岛市各级组织和会员依照"坚定不移跟党走，尽心竭力为四化"的行动纲领，积极在实践中探索实现工作重点转移的新途径，努力开创为"四化"建设服务的新局面。在思想政治工作中，坚持四项基本原则，推动成员认真学习马列主义、毛泽东思想，学习政治理论和时事政策。市两会成立学习委员会，制订学习计划，组织成员学习。在市、区两级共成立6个中心学习组，参加中心组学习的有120余人。

1981年7月，市两会成员认真学习中共十一届六中全会精神和《关于建国以来党的若干历史问题的决议》等重要文件。1982年3月，市两会召开委员联席扩大会议，传达学习全国统战工作会议精神及中央领导同志的讲话精神，传达学习中共山东省委、青岛市委领导在省、市统战工作会议上的讲话精神。1982年9月，中共十二大提出了以建设有中国特色的社会主义的思想作为新时期和现代化建设的指导思想，确定了以推进经济建设作为首要任务、实现20世纪末全国工农业年总产值翻两番的目标。中共十二大召开之后，市委会认真组织会员学习中共十二大文件，要求"通读文件、认真学习、领会精神、提高认识、统一思想"。市两会组织召开成员座谈会、短期学习班，各支部也以小组的形式进行学习交流讨论。1983年11月8—19日，民建中央第四次全国代表大会和工商联第五届会员代表大会召开。市两会组织成员学习了中央两会精神，要求大家在中国共产党的领导下，继续高举爱国主义旗帜，发挥民建、工商联的特点和优势，为实现以经济建设为中心的三大任务发挥积极的作用。通过学习和深入讨论，成员对新的历史时期党的统一战线理论有了进一步认识，对两会的性质、地位和时代赋予的任务也有了进一步了解。

1982年，根据上级部署，市两会着手搜集编写地方史志工作，并聘请离退休干部数人组成了专门班子。经过努力，《青岛商会志》《青岛工业会志》《青岛民建会志》《青岛市工商业联合会志》以及《青岛工商史料》（共四辑），共计50万字，于1989年撰写完成，成为研究青岛经济发展史的重要资料。

第三节　组织建设

这一时期，市两会的组织建设有了更快的发展，成员人数不断增加，基层组织日趋完善。通过认真考察，吸收既年轻又有较高文化素质和工作水平的新成员入会。至1984年3月，民建会员有348人，编为15个支部。工商联会员有770人，其中在职会员120人，编为7个基层小组；退休会员650人，编为

27个基层小组。

1981年，市两会在各区成立工商大组，并将其作为基层组织来部署贯彻各项工作。11月21日，市两会向民建山东省委、省工商联请示，拟设立市南、市北、台东、四方、沧口5个区办事处。11月25日，民建山东省委、省工商联批复同意。

1982年，在工商大组的基础上，区办事处成立并作为市两会的派出机构。5月18日，市两会常委会召开第九次会议，确定了市两会区办事处正、副主任名单。5月29日，市两会召开区办事处负责人会议，研究部署有关事宜和工作。6月4日，台东区办事处成立。6月5日，沧口区办事处成立。7月3日，市北区办事处成立。7月10日，市南区办事处成立。7月16日，四方区办事处成立。至此，5个区办事处相继成立，并下设15个支部。1982年7月31日至8月19日，15个支部全部改选完毕。从基层大组到支部以及各区办事处的成立，标志着市两会的组织建设已相对完善。

1983年，市委会机关设立了秘书处、组织处、宣教处。市两会有干部编制的共37人，其中，市两会机关有27人，区办事处有10人。10月，青岛市各民主党派及工商联由太平路29号迁回中山路72～74号办公。

第四节　履职尽责

一、为经济建设提供咨询服务

1982年9月，市两会成立经济咨询服务工作委员会，马绪涛为主任，张积金、刘世英、马林才、丛培章、孙鸿正、李文、刘启堂为副主任。

经济咨询服务工作委员会的方针是：扬长避短，拾遗补阙，稳步前进，讲求实效。随着形势的发展，经济咨询服务工作委员会机构逐步健全，咨询范围逐步扩大，由经济咨询扩展到技术咨询，由业务咨询扩展到政策咨询；编印了《青岛市场信息》及《经济信息摘编》两种定期刊物，为本市有关单位及外地两会组织提供经济信息服务。1983年7月，市两会下设经济咨询服务部，为青岛市工厂企业生产紧缺急需物资调剂余缺、沟通有无。在民建青岛市第四届委员会期间，为省内外131个单位代购、代销、代运商品270吨，成交额50万元。

1985年5月，《市场信息》创刊

1982年6月30日，市两会在太平路29号政协礼堂召开为"四化"服务经验交流会，出席会议的成员有200余人。市两会副主委孙鸿正、市南区主任杨浩春等8位成员在会上汇报了为"四化"服务的工作情况。会议表彰了184名成员，其中，表彰先进生产者60人，表彰五好家庭代表、五好个人80人，表彰企业生产有贡献、两会工作有成绩的成员44人。市委统战部部长谭河亭、市政协副主席廖弼臣应邀到会并讲话。9月21日，青岛市人民政府召开会议，听取市两会主委马绪涛关于市两会经济咨询服务工作情况的汇报。青岛市副市长韩洪勖、许善义参加会议，充分肯定了市两会前一阶段开展经济咨询服务工作取得的成绩，认为提出了很多较好的咨询建议。9月25日，市两会召开成员大会，介绍了两会中央经济咨询服务会议工作经验交流会情况，传达了两会中央领导讲话精神。市委统战部部长谭河亭到会讲话，强调了市两会开展经济咨询服务工作的重要意义，要求发挥市两会的人才特长和优势将经济咨询服务工作深入持久地开展下去。

会后，民建各级组织和会员继续利用自身的优势，广泛地开展经济咨询服务。在工作中坚持四个"结合"，把主动争取中国共产党和政府的支持同充分发挥民建、工商联组织和成员的积极性紧密结合起来；把对经济方针政策的咨询服务同对具体经济业务的咨询服务紧密结合起来；把物质文明建设同精神文明建设紧密结合起来；把当前的咨询服务工作同"传帮带"和工商业专业培训紧密结合起来。按照中共中央关于民主党派"智力支边"的指示，省两会组成了12人的赴青海咨询服务组，市两会派副主委孙鸿正、青岛孚德鞋厂技术顾问衣中秀、

1982年，第一期和第二期市两会《工作简讯》

青岛皮鞋厂退休成员刘思源、青岛制革厂退休职工聂兆琪参加了省赴青海咨询服务组。1983年8月12日，省两会举行欢送会，欢送赴青海咨询服务组的成员。1983年8月和1984年7月，市两会两次派人参加山东省两会赴青海省经济咨询服务工作团，为西宁市制革厂、皮鞋厂、食品厂、煌中印刷厂等单位改进生产技术、试制新产品、举办讲座、培训技工，圆满完成了咨询任务。市两会成员参与草拟的《关于青海省畜牧业发展中若干情况的初步探讨》受到青海省党政领导的重视。1983年8月12—13日，市两会为"四化"服务经验交流会在市政协礼堂召开。马绪涛主委传达了省有关会议精神，张积金副主委汇报了市两会经济咨询工作情况，部分成员介绍了自己在本职岗位上为"四化"服务的典型事迹。9月6日至10月6日，山东省及青岛市各民主党派、工商联为"四化"服务汇报展览会在中山路74号礼堂举行，共展出市两会为"四化"服务的实物、照片、图表、说明等312件。展出期间，共接待观众近8500人次。1984—1989年，市两会推荐有技术专长的会员300多人（次），为100多家集体及乡镇企业提供咨询服务近200项，被青岛市人民政府评为经济技术协作先进单位。

二、协助安置待业青年

1980年4月，两会中央召开安置待业青年就业工作座谈会，之后中共中央、国务院和民建中央、全国工商联会同国家劳动总局等单位联合下发了有关文件，希望各地民建、工商联发挥成员优势，采取自办、合办等形式，大力发

展集体企业，拓宽就业渠道，积极搞活经济。

市两会响应号召，积极行动，创办了建联服装店、异型皮鞋厂、明霞路食品店、四方鹌鹑育种厂，方便了群众生活，安置了待业青年。至1981年3月底，已协助安置待业青年316人，协助安置社会闲散人员246人。1984年，市工商联申请成立东方实业公司。该公司为集体性质，独立核算，实行董事会领导下的总经理负责制，经营范围主要为接受国内外工商企业委托同我国港澳地区及外国企业联系引进资金、技术、设备和办理来料加工、补偿贸易、租赁业务，代国内外企业办理进出口业务，为国内企业代购、代销产品等业务。

三、带领女会员开展工作

1982年5月，在妇女工作组的基础上，市两会妇女工作委员会（简称"市两会妇委会"）正式成立，周世英为主任，牟秀云、淳于淑兰、宇文华、许世英为副主任。6月5—8日，山东省两会妇女工作委员会第一次会议在青岛召开。两会中央妇女工作委员会副主任薛若梅，省两会副主委马绪涛、孙鸿正，省两会秘书长李功九，省两会妇女工作委员会主任滕书卿出席会议。会上，市两会妇委会主任周世英介绍了青岛市妇女工作情况。9月16日，市两会妇委会暑假为少年儿童做好事活动表彰先进大会在政协礼堂召开。1983年12月23日，市两会妇委会为"四化"服务经验交流会召开，会议表彰了五好家庭和先进工作者115人，交流了市南、市北、台东3区的妇女工作情况，先进妇女代表介绍了自己的工作经验。

市两会妇委会共有成员700余人，有广泛的社会联系。市两会妇委会积极带领妇女成员投入改革，参加"两个文明"建设，开展"三胞"联络工作和关爱少年儿童成长活动，连续8年到街道办事处和居委会开展暑期夏令营活动，有5000余人次参加。1983年市两会妇委会被授予青岛市"三八"红旗集体和全国"三八"红旗集体。因成绩突出，市两会妇委会连续多年被授予托幼工作先进集体和儿童少年工作先进集体。

四、开展工商业专业培训

为认真贯彻1981年两会中央召开的培训工作座谈会精神，落实两会中央提出的"积极参加职工培训工作"的倡议，为国家、企业和社会培养各类有用的人才，青岛市两会举办了多层次、多形式的培训班，并在市内4区创办了民联业余学校（简称"民联业校"），急社会之所需，补人才之不足，受到社会各界的好评。

1983年，市两会与青岛市环保局联合举办电镀污染治理技术学习班两期，培训学员95人。市南区两会办事处为浮山公社培训商业骨干20余人。四方区两会办事处配合政法部门，对劳教人员开展技术培训，使178名失足青年学到了一技之长。5月，市北区两会办事处举办区属幼儿园托幼财会人员培训班，有19名学员参加了培训；6月举办了第二期培训班，有16个幼儿园的财会人员参加了培训。

1984年，市两会成立民联业余学校，马绪涛任校长，市内5区各设分校。建校后，该校致力于对社会青年及在职职工进行文化与技术培训，到1990年年底，共有结业学员43239人，在校学员有3477人。民联业校被青岛市教育局评为成人教育先进单位。其中，民建四方区办事处和四方区工商联联合成立青岛市民联业余学校四方分校，于汇霖任校长。四方分校遵循"适应需要、发挥优势、联合协作、讲求实效、开拓前进"的方针，形成包括高考辅导班、考干辅导班、各种专业培训班等多层次、多形式、多专业的教育培训网络，对社会青年及在职职工进行文化与技术培训，共举办各种培训班323个，培训各种专业人员14000多人。

第五节　会务活动

1981年7月6日，为配合编写青岛史志以及青岛市民建和工商联的历史，市两会成立史志小组，组长为张积金，副组长为刘启堂。截至1984年3月，史志小组共查阅民建、工商联、旧商会、旧工业会的档案2300卷，摘抄资料320万字。

1982年6月23日，常州市政协来青参观，常州市两会主委江子砺与青岛市两会领导进行了交流。

1982年10月4—30日，青岛市民主党派、工商联学习参观团一行15人在市委统战部部长谭河亭、市两会主委马绪涛的带领下，赴西安、成都、重庆、武汉、郑州、开封、洛阳等地学习考察。

1983年7月22日，山东省两会副主委徐文园与市两会各区办事处负责人就如何开展支边工作进行了商讨，并与部分有志支边人员交换意见。

1983年8月11—26日，全国人大常委会副委员长、民建中央主席胡厥文来青岛疗养。在青期间，胡厥文主席在马绪涛主委陪同下，参观了青岛市部分工厂与景点，接见了市两会负责人，为市两会题词并合影留念。

1983年8月24—29日，鞍山市两会参观团来青参观并进行了工作交流。

1983年10月，市两会选举推荐马绪涛、张积金、于文卿、李福田作为民建代表，孙鸿正、刘祖赉、袁嘉绪、许世英、陈文威作为工商联代表，出席民建第四次全国代表大会、工商联第五届会员代表大会。

1983年12月16—22日，市北区、台东区、市南区、沧口区、四方区两会办事处召开会议，传达贯彻民建第四次全国代表大会、工商联第五届会员代表大会的精神和内容。参加各区会议的成员达456人。

1984年2月27日，中共青岛市委召开各民主党派、工商联负责人联席会议，对如何深入贯彻党派和工商联全国代表大会精神，进一步开创青岛市民主党派、工商联工作的新局面进行了研究。马绪涛主委参加会议并汇报了两会全国代表大会的主要精神，以及市两会组织学习贯彻文件精神的情况。

第七章　民建青岛市第五届委员会

（1984年3月至1989年5月）

第一节　民建青岛市第五次会员代表大会

1984年3月9日，第16次市两会常委联席会议通过了《关于召开中国民主建国会青岛市第五次会员代表大会和青岛市工商业联合会第六届会员代表大会的方案》，确定了会议的主要议题和会议日程，确定了代表名额分配和产生办法。

民建青岛市第五次会员代表大会与青岛市工商联第六届会员代表大会，于1984年3月24—27日在市工商联礼堂联合召开。出席会议的代表有民建会员代表70人、工商联会员代表100人。大会由民建青岛市委副主委孙鸿正主持，副主委张积金致开幕词，主委马绪涛代表市两会做工作报告。报告总结了3年多来市两会参与政治协商与民主监督，积极发挥民建会的政党职能，开展经济咨询服务、工商业专业培训、"三胞"联络以及组织学习，协助中共和政府落实政策的情况。报告指出，3年多来，全市共发展民建会员66人；发动广大成员围绕经济调整、体制改革进行调查研究、献计献策，先后提出153项意见，综合整理书面建议15份，受到政府和有关部门的重视。对于市两会今后的工作，报告提出如下建议：要加强政治理论学习和会史教育；要加强市两会基层组织建设，搞好新老干部的合作交替工作；要进一步做好咨询服务与工商业专业培训工作、妇女工作和"三胞"联络工作等。

会议期间，中共青岛市委第一书记周振兴，书记王今吾，副书记李秉政、赵明甫、乔树荣在市政协礼堂接见全体代表。市委书记王今吾向各民主党派、工商联代表大会表示祝贺并做了重要讲话。

大会通过了马绪涛所做的工作报告，要求市两会各级组织和全体成员更加紧密地团结在中国共产党的周围，高举爱国旗帜，坚持四项基本原则，尽心竭力为"四化"服务，努力开创市两会工作的新局面，为建设社会主义物质文明和精神文明而奋斗。

大会选举产生民建青岛市第五届委员会。马绪涛任主任委员，孙鸿正、张积金、侯光春任副主任委员，张积金兼任秘书长。1986年12月，陈锡早补选为副主任委员。1988年6月，王礼溥任秘书长。

大会选举产生青岛市工商联第六届执委会。马绪涛任主任委员，张积金、张序善、孙鸿正、周棣轩、刘启堂、许世英任副主任委员，刘启堂兼任秘书长。

第二节　思想建设

中共十二届三中全会以后，全国改革的重点由农村逐步转向城市，城市经济改革由试点发展到全面展开。1984年4月，民建中央、全国工商联召开全国性的思想政治工作会议，提出了在新形势下改善和加强思想政治工作的任务和要求。市两会的各级组织通过举办读书班、研讨会、报告会等形式，对会员进行会史和党的路线、方针、政策的教育。8月18日至9月6日，市委会举办会章、会史学习班。学习班分4期举行，参加学习的会员达258人，占会员总数的75%。经过学习，会员对民建的会章和会史有了进一步了解，也对新时期的统一战线工作有了更深刻的体会，对民建的任务和作用有了深刻的认识，对增强会员的光荣感和责任感有很大的帮助。

1984年10月，市两会认真学习中共十二届三中全会通过的《关于经济体制改革的决定》（简称《决定》）。《决定》表明了国家对国情和社会主义建设规律的认识达到新的高度，特别是在商品经济、价值规律等重大问题上，冲破了"左"的思想束缚，打破了旧的传统，澄清了在许多人中间存在的模糊认识。市两会成员对《决定》进行了认真学习和热烈讨论。马绪涛主委参加了两会中央在广州举行的沿海开放城市和经济特区民建、工商联工作座谈会。通过学习，市两会成员明确认识了《决定》的重要意义，进一步增强了做好对外开放工作重要性的认识，立志解放思想、拓展思路、明确方向，利用自己的优势和专长，为改革开放服务。

1985年以后，市两会先后举办了11期新会员学习班，学习统一战线理论，学习"一个中心，两个基本点"的基本路线，学习"长期共存、互相监督、肝胆相照、荣辱与共"的方针，增强政党意识，发挥政党职能；还用"以会代训"的方式，举办总支委员会及支部主任学习班，提高了基层干部的素质。

第三节　组织建设

根据民建中央关于从实际出发，坚持"在工作中发展，发展为了工作"的原则，市两会积极主动地做好发展会员的工作，注重发展有一定代表性和影响力的人士，注重新老交替，以适应改革开放的新形势，给民建组织带来新鲜血液和工作活力。

1985年8月，民建中央召开组织工作会议，进一步明确了以中年知识分子为主，把经济师、会计师、统计师、工程师、财经界人士、经济理论研究与教育人士、在工商企业中担任一定领导职务或社会联系较广泛的经营管理人员、生产技术人员等作为重点发展对象，至1989年年底民建青岛市委发展这类新会员265人。

到1988年年底，市两会成员被选为本届省、市、区、县人大代表的有24人。其中，省人大常委会副主任1人，市人大常委1人。安排为本届省、市、区、县政协委员的有40人。其中，市政协副主席1人，常委6人，区、县政协副主席6人。

民建青岛市委机关编制进一步规范。1987年3月13日，根据青岛市编制委员会青编字（87）09号文，民建青岛市委机关内部设组织处、宣教处、咨询处和秘书处。1988年，民建青岛市委内部机构增设经济咨询服务处。

第四节　履职尽责

一、建立"议政日"制度

《中共中央关于坚持和完善中国共产党领导的多党合作和政治协商制度的意见》的颁布实行，有力地促进了民主党派参政党作用的发挥。市两会积极参与各项政治协商，加强对地方事务有关方针政策问题的调查了解和议政建言，受到各级党委和政府的高度重视和支持，许多建议被采纳，在社会上产生了积极的影响。

1989年，民建青岛市委建立会员"议政日"制度

1989年1月，民建青岛市委建立会员"议政日"制度，每月一次，主要围绕中共青岛市委、市政府的中心工作和社会热点等进行专题研究，提出意见和建议，并编印成《议政简报》，送中共青岛市委、市政府、市人大、市政协及相关部门。到1990年年底，共编印《议政简报》12期。

中共山东省委统战部《统战简报》1989年第4期刊登报道《民建青岛市委积极开展"议政日"活动》，省委副书记马忠臣阅后批示："青岛市民建建立'议政日'制度很好，各市、地可以仿行，具体内容、时间长短等，由各地视情况而定。"中共青岛市委办公厅1989年3月17日的《综合信息》摘登了《议政简报》第1期内容，并加"编者按"，传达了中共青岛市委书记刘鹏的批示："民建用编印简报的方法，比较系统地提出了多种意见，这是民主党派参政议政的方法之一。这些意见值得我们有关方面重视，并应将解决的情况及时反馈。"

"议政日"制度得到各级领导的充分肯定。民建中央、中共中央统战部、中共山东省委统战部，分别发文介绍"议政日"的活动情况和经验，并要求民建各组织和各民主党派结合本地实际情况，积极开展参政议政活动。

二、拓展经济咨询服务

根据民建中央和省民建的工作精神，市两会继续发挥市民建、工商联的优势，调动成员的积极性，为经济建设服务；积极开展更高层次的经济咨询服务，努力实现经济咨询服务的组织化、专业化、协作化。

1983年7月，民建经济咨询服务部正式成立。经济咨询服务部积极开展经济咨询服务活动，工作不断取得新的进展。咨询服务部6个核算单位共有工作人员和职工120人，其中有市两会成员42人，内有民建会员24人，安置待业青年22人。经济咨询服务部还发挥民建组织优势，内贸业务以代购代销为主，在搞活经济方面起到一定作用。对外贸易组的会员利用自己的专长，与外商多方联系，引进外资，推销产品。仅1984年，经济咨询服务部就完成购销营业额406万余元，完成纯利润6万余元。

1985年的《市场信息》

自1985年开始，市两会经济咨询委员会编印《市场信息》《各地经济信息摘编》，这两本刊物是与全国各地民建、工商联经济咨询机构以及乡、镇工厂、企业互通市场信息的内部资料，为青岛企业与外地企业搭建起经济信息交流的桥梁。

三、深化工商业专业培训

为适应新的形势，开拓培训工作的新局面，根据民建中央和全国工商联于1984年召开的工商业专业培训工作经验交流会会议精神，市两会将培训工作向更深层次发展，这也是民建组织进入新时期以来具有创造性的经济政治活动之一。

1987年，市两会与青岛市防疫站合办食品卫生培训班，编印《食品行业从业人员培训教材》，发行1万余册。对建筑行业工程技术人员进行培训，并辅助进行考核、发证工作。为驻青部队开设电子、电器、无线电专业培训班，培养军地两用人才。与香港策运有限公司联合举办不锈钢餐具器皿及压铸机械生产技术研讨会，省内外59家企业的160人参加了会议。1988年，举办外经贸实务培训班，省内48家企业派代表参加。1989年，与外经贸委联合举办国际经贸实务研讨班，省内10余个县40多个单位派代表参加。民联业余学校还先后为56个单位举办就业前培训班，受到省、市劳动部门表扬，被评为就业训练工作先进单位。

同时，市两会还与外地的一些大学合作，在青岛设立教学点，广泛培养人才。先后开办了北京经济函授大学、北京自修大学青岛分校、南开大学青岛函授站、华东师范大学青岛函授站、北京大学函授班、深圳大学青岛教学点，使培训工作向高层次发展。

四、开展外联工作

根据国家政策，市两会穿针引线，铺路搭桥，协助政府引进资金、人才、技术设备，促进贸易往来。市两会还遵循"广交朋友，联络友谊，宣传政策，争取人心"的工作理念，发动成员与海外亲友联系，宣传祖国发展的大好形势、改革开放的政策和"一国两制"的方针。

自1981年以来，市两会接待了来自我国香港地区的新界知名人士参观团、香港中华厂商联合会参观团、冀鲁同乡会参观团，以及来自美国、英国、日本、澳大利亚、印度尼西亚、加拿大等国家和地区赴青参观旅游、洽谈业务人士200余人；与十几个国家和地区的工商业户及经济界人士有函电往来，介绍他们与国内有关部门洽谈业务。

1984年，市两会负责人参加青岛市各民主党派、工商联参观团，赴广州、深圳等城市参观学习。市两会组织成员100余人，参观烟台经济技术开发区。1985年，马绪涛主委随全国工商联赴香港地区参观，又参加了两会中央在上海召开的14个沿海城市和4个经济特区联络工作会议，就进一步发挥两会的优势进行探讨。这些活动，使成员开阔了视野，增长了见识，以探索开拓出工作的新路子。

1984年，民建青岛市委主委马绪涛（前左一），副主委孙鸿正（前左二）、张积金（后右一）参加青岛市政协组织的黄岛视察活动

山东省对外经济贸易洽谈会及青岛市海峡两岸经贸洽谈会召开时，市两会发动成员函请我国港台地区亲友及海外客商来青洽谈贸易或参观旅游。山东省对外经济贸易洽谈会举办期间，与16个国家和地区的50多户客商建立了业务往来，市两会介绍有关部门洽谈贸易50多项，达成协议20多项。例如，为有关部门联系出口五金工具，成交额130万美元；签订来料加工1.6亿多只乳胶手套合同。

1987年7月，上海、广州、天津、大连、青岛两会第二次联络工作会议在青岛市召开，就进一步做好沿海城市两会对外联络工作进行了探讨。

第五节　会务活动

1984年4月11—18日，民建山东省第二次代表大会和工商联第六届代表大会召开。马绪涛、于文卿、于汇霖等8名民建会员代表和王晓如、王恩树、仇赞斌等22名工商联会员代表出席会议。

1984年5月16日，民建青岛市委召开评优表彰大会，江苏路支部、冠县路支部、台东第二联合支部和妇女支部被评为优秀支部；郑永海等86名会员被评为优秀会员。

1984年"六一"儿童节期间，市两会妇女委员会发动80多位平均年龄在65岁以上的妇女制作了400件小孩兜兜，还购买了玩具，送到全市十几家幼儿园。

1984年6月1—27日，青岛市各民主党派学习参观团由市委统战部部长谭河亭、马绪涛任正、副团长，先后到广州、深圳、桂林、昆明、长沙、九江等城市围绕对外开放和锐意改革进行参观学习，并与当地各民主党派进行对口交流。

1984年7月24—29日，省两会妇女工作委员会会议在青岛召开。济南、青岛、潍坊、济宁等地的妇女委员参加了会议。省工商联副主委、省两会妇委会主任苗淑菊做工作报告。会议交流了各地妇女的工作经验，研究了围绕改革和对外开放如何进一步开创妇女工作的新局面。会议期间，妇女委员参观了异型皮鞋厂、建联服装店等民建自办的企业，还参观了市两会妇委会举办的江苏路、德县路少儿暑假校外辅导班。中共青岛市委统战部部长谭河亭会见了各地妇女委员。

1984年9月18—22日，两会中央经济咨询办公室薛志云处长在山东省工商联副主委李功九陪同下来青，了解市两会在青岛成为对外开放城市后所做的工作。

1984年9月16—18日，辽宁省两会经济咨询、工商培训学习组在辽宁省工商联副主委吴锡玖的带领下，来青岛市两会参观学习。双方对经济咨询和专业培训工作的开展情况进行了交流，并现场参观考察了沧口民联贸易公司。

1984年9月，山东省两会副主委徐文园和省工商联副主委兼秘书长李功九来青岛检查工作，并就青岛支援沂水的问题进行了研究和安排。

1986年6月27—28日，市两会召开为"四化"服务经验交流大会，交流成员为"四化"服务的好经验，表彰在"四化"服务中做出成绩的先进成员。240名先进集体、先进个人代表和两会成员代表出席了会议。青岛市政协副主席阎同科、市委统战部部长郭存忠等应邀参会。有13名市两会先进集体和先进个人代表在会上交流了自己为"四化"服务的经验，6名成员做了书面发言。会议对262个先进集体和个人进行了表彰。市委统战部部长郭存忠在会上做重要讲话，民革青岛市委主委王桂浑代表各民主党派致贺词。

第八章　民建青岛市第六届委员会

（1989年5月至1992年6月）

第一节　民建青岛市第六次会员代表大会

民建青岛市第六次会员代表大会与青岛市工商联第七届会员代表大会于1989年5月5—7日在环海宾馆联合召开，民建会员代表100人出席大会。

大会由张积金主持，孙鸿正致开幕词，中共青岛市委副书记孙炳岳致贺词。马绪涛代表市两会做工作报告。报告指出，自上届代表大会以来，成员结构发生了很大变化，思想建设进一步加强，经济咨询工作与技术咨询工作密切结合，专业培训向高深层次发展，对外联络工作日趋活跃，妇女工作进一步开展。大会通过了马绪涛所做的工作报告，并要求市两会成员坚决贯彻执行治理整顿、深化改革的方针，坚定不移地坚持四项基本原则，维护安定团结的政治局面，为发展社会主义商品经济，把中国建设成为富强、民主、文明的社会主义现代化国家做出更大的贡献。大会通过了《向老会员致敬信》和推举孙鸿正、侯光春、牟秀云、杜异慈、戚文轩、门彩亭、刘承鑫、曲际良、邹子丰、唐国礼、戚其安、满如川为民建青岛市第六届委员会顾问的决定。

1989年5月，民建青岛市第六次会员代表大会合影

大会选举产生了民建青岛市第六届委员会及青岛市工商联第七届执行委员会，马绪涛当选为民建青岛市第六届委员会主任委员，张积金、刘启堂（市工商联副主委）、李荫梓为副主任委员，王礼溥为秘书长。孙鸿正当选为青岛市工商联第七届执行委员会主任委员，刘科、刘启堂、张鸿雁、贾森、张荣祥、于凤鸣、许金銮、许世英（女）、张瑞敏、郑亭照为副主任委员，王思建为秘书长。选举产生的民建青岛市第六届委员会向年轻化、知识化迈出了可喜的一步。37名委员中，新委员有20人，占委员总人数的54%，平均年龄为58.1岁，比上届降低3.2岁；14人有大专以上学历，占委员总人数的37.8%。17名常委中，新常委有9人，占常委总人数的52.9%，平均年龄为58.76岁，比上届降低4.37岁；5人具有高级职称，占常委总人数的29.4%。

第二节　思想建设

根据国内、国际政治环境的需要，民建青岛市委结合实际，发扬自我教育的优良传统，采取多种形式，对会员进行党的基本路线、统一战线的基本理论与政策和社会主义思想教育。通过学习中共十三届四中全会文件的精神，全体会员进一步认识到坚持四项基本原则的重要性、必要性；认识到反和平演变、反资产阶级自由化斗争的长期性、艰巨性；增强了对加强自身政治建设，提高政治素质，始终不渝地坚持与中国共产党"长期共存、互相监督、肝胆相照、荣辱与共"方针的现实意义与深远意义的认识。遵照民建中央五届二中全会的决议，努力做到在任何情况下，都要坚定不移地坚持中国共产党的领导，走有中国特色的社会主义道路，坚决同否定中国共产党领导、搞西方多党制和资本主义化的思想划清界限，进行斗争。

1989年8月，《青岛民建》创刊，在做好会内外宣传的同时，及时向会员传达中央、省、市会议的精神。1990年除了组织3期骨干脱产学习班外，还举办了1期统战理论知识全员学习班，增强了参政议政的力量。在全市范围内倡导支部生活与专题讨论相结合，学习基本理论与知识竞赛相结合，学习心得交流与统战理论研讨相结合，提高认识与调查研究、参政议政、办实事做贡献相结合。通过学习，会员理论水平有较大幅度的提高，在市、区两级理论研讨会上有40多名会员发表了60多篇论文。

1989年8月，《青岛民建》创刊

1991年，民建青岛市委举办了1期青岛民建社会主义思想教育全员学习班，要求会员把学习与参政议政、为"质量、品种、效益年"献计出力等相结合。期间还组织了面向总支和支部主任、新会员、部分年轻会员的3期脱产学习班，纪念中国共产党建党70周年演讲会，市、区两级社会主义基本理论研讨会，提高了会员的政治觉悟和思想理论水平，坚定了会员的社会主义信念，调动了会员为"两个文明"建设干实事、做贡献的积极性。推荐11名会员代表参加了山东省民建为"质量、品种、效益年"献计出力活动交流大会，汇报了先进事迹。

第三节　组织建设

　　根据《中共中央关于坚持和完善中国共产党领导的多党合作和政治协商制度的意见》精神，民建青岛市委加强组织建设，坚持质量为先，发展了一批文化层次较高、参政议政能力较强的同志入会，使组织活力进一步增强、参政议政水平进一步提高。在中共青岛市委统战部和各区统战部的大力支持下，1990年民建青岛市委先后在市内5区撤销了民建区办事处，成立了区总支部委员会，并对民建基层支部进行了换届改选。一批层次高、素质好、热心会务、具有一定参政议政能力和代表性的中青年民建会员进入总支和支部委员会。注重对后备干部的物色、培养、考察工作，对他们压担子、加任务，使其在实际工作中锻炼成长。推荐51名会员参加省、市社会主义学院和省民建读书班，其中17名会员被聘担任市、区两级特邀监察员等职务。健全参政党机制，于1990年11月成立了理论政策研究委员会，于1991年成立了联络工作委员会和经济技术咨询工作委员会，王礼溥为理论政策研究委员会主任，张积金和李荫梓分别为联络工作委员会和经济技术咨询工作委员会主任。根据参政议政工作的需要，1991年成立了商业、外贸、机械、化工、纺织和社科6个专业议政组，100多名会员被安排进上述各委员会和议政组。开展1989—1990年度先进支部、优秀会员评选工作，并召开了表彰大会，对10个先进支部、29名优秀会员、17名参政议政积极分子、22名会务工作积极分子进行了表彰。在此基础上，结合献计出力情况，经民建省委选定，肉联厂等4个支部被评为全国民建先进支部，杨松年等6名会员被评为全国优秀民建会员，并于1991年5月在北京受到了民建中央的表彰。

　　民建会员还认真履行人大代表、政协委员及特邀监察、监督员等的职责，积极参加各种会议及视察、检查、调查研究等活动，反映会员及所联系群众的意见和要求，切实发挥政治协商和民主监督作用。本届会员中被选为本届省、市、区人大代表的有21人，其中，有省人大常委会副主任1人、市人大常委1

人、区人大常委3人；担任本届省、市、区政协委员的有67人，其中，有省政协常委2人、市政协副主席2人、副秘书长1人、常委10人、区政协副主席7人；8名会员被聘担任市特邀检察员、监察员、执法监督员、廉政监督员等职务；9名会员被聘担任区级特邀监察员、检察员等职务。

民建青岛市委努力加强机关建设工作，争创文明单位。提高机关干部素质，改变作风，增强服务观念，提高工作效率，使机关工作走向规范化。建立健全了机构和各种规章制度，制定了处室职责范围、岗位责任制等规章及创建市精神文明单位计划，明确分工，协同工作，使机关建立了良好的工作秩序。不断拓宽会务工作面，在工作量日益增多、任务日渐繁重、人员有减无增的情况下，较好地完成了各项工作任务。1990年，民建青岛市委会机关被评为青岛市文明单位。

截至1992年3月底，民建青岛市委共有会员571名，基层组织45个，其中有5个区总支、38个支部、2个联络组。

1989年6月10日，中共青岛市委批准成立市工商联党组，刘科为书记。7月1日，民建青岛市委和青岛市工商业联合会分署办公，民建青岛市委办公地点设在中山路72号。1990年，民建青岛市委

位于韶关路54号甲的民建青岛市委办公地点

内部机构经济咨询服务处改为咨询调研处。1991年11月，民建青岛市委迁至韶关路54号甲办公。

第四节　履职尽责

一、开展多层次的参政议政活动

本着"继承、发扬、开拓、务实"的精神，民建青岛市委把加强自身建设

与发挥参政党职能两手一起抓，注重把中共中央的路线、方针、政策与本会实际相结合，发挥群体功能，努力为"两个文明"建设和改革开放建言献策。

民建青岛市委围绕青岛市中心工作、社会热点和群众关注的突出问题进行专题调研，加工整理形成意见、建议200余条，其中，许多意见、建议被市有关部门采纳。编印了《议政简报》20期、《专题报告》5份、《党派提案》3份，送中共青岛市委、市政府和有关部门参阅，其中，5期《议政简报》分别被中共青岛市委编印的《综合信息》《情况反映》以及《人民政协报》《联合周报》《山东外贸》刊登。同时，在各区总支推行"议政日"制度，使参政议政工作上了一个新台阶。

自1989年起，民建青岛市委连续3年在市政协全会上进行大会发言。在市政协七届四次、五次会议上，民建青岛市委提交的《关于提高我市国营大中型企业经济效益的几点政策性建议》《对加快我市国营大中型企业转换经营机制步伐的几点建议》《对大力发展我市第三产业的意见、建议》3份提案，均受到中共青岛市委、市政府及有关委、办、局的充分肯定和高度重视。

民建青岛市委发挥党派群体功能，积极反映会员参政意见。利用向会员发贺年信的机会，附寄《民建会员议政建议表》，征询会员的意见、建议，汇编成《民建会员参政议政纲要》，送交民建会员中的人大代表和政协委员，以作为在全会上提议案和提案之参考。1989—1992年共编印3期《民建会员参政议政纲要》，提供参考意见、建议163条。此举不仅增强了担任人大代表和政协委员会员的代表意识，而且通过集思广益，提高了他们参政议政的水平。

参政议政与献计出力相结合。国务院确定1991年为"质量、品种、效益年"后，民建中央组织推动全会开展为"质量、品种、效益年"献计出力活动。民建青岛市委采取多种行之有效的方法，推动广大会员和基层组织积极为企业"进一言、献一计、干实事、增效益"。据不完全统计，民建青岛市委共提建议356条，其中316条被采纳，占总数量的88.8%。被采纳的建议所创造的产值约5765万元，销货额约4206万元，进口成交额为970.7万美元，节约资金1157.3万元，挽回经济损失77.7万元，新创利税1245.5万元，新创品种32个。

民建青岛市委领导积极认真地参加中共青岛市委、市政府召开的双月座谈会、协商会、专题讨论会和各种征求意见会等，以及治理"三乱"、廉政建设、精神文明建设等检查工作，实事求是地反映情况，坦诚地提出意见和建议。

二、发挥智力优势为社会服务

民联业校5个区分校，贯彻"适应需要，发挥优势，联合协作，讲求实效，开拓前进"的方针，开展了多层次、多形式的培训工作。在层次上，有高等专业班、中等专业班、高考辅导班和技术培训班；在形式上，有业余班、脱产班和函授班3种类型，有自办也有协办，承办了北京大学、南开大学、华东师范大学青岛函授站和深圳大学专科生的教学组织工作。几年来，共有工业企业财会管理、国际金融贸易、国家公务管理等12个专业的727名大专生结业，工业会计、商业会计、工业民用建筑等5个专业的208名中专生毕业，各种技术培训班2567人结业，各类文化辅导班1341人结业。

继续开展咨询服务工作。在缺乏经验和市场较以往疲软的情况下，民建青岛市委发挥会员的专业特长，进行探索性实践，为乡镇企业和贫困落后地区提供技术支援。积极为10余个外向型经济项目提供咨询服务工作。1991年，承接青岛经济开发区创统科技发展有限公司（台资）委托技术咨询加工制造电源机壳任务，通过多方求助与协作，以高于进口件的质量，使该公司完成了市场投放和返销任务，有力地支持了该企业，为其进一步发展打下良好基础。主动热情的服务，注重社会效益的作风，扩大了民建组织在社会上的影响。各基层组织也积极学习贯彻民建中央为"两个文明"建设服务工作会议的精神，进一步拓宽服务渠道。

三、加强妇女及外联工作

市两会妇委会坚持"两个文明"一起抓，积极开展为社会服务、为少年儿童服务和拥军优属等工作，数年如一日。女会员在支援灾区和区、街基层等各项活动中都做出了成绩。1989年，市两会妇委会分别被评为山东省和青岛市"三八"红旗集体，被青岛市少年儿童工作委员会授予先进集体等光荣称号。1990年被青岛市妇联授予青岛市先进妇委会、青岛市"三八"红旗集体等称号。

围绕"统一祖国，振兴中华"的目标，遵循"广交朋友，联络友谊，宣传政策，争取人心"和"立足国内，面向海外"的方针，民建青岛市委发挥会员与我国港澳台地区及外国有广泛联系的优势，积极开展"三胞"（港澳同胞、台湾同胞和海外侨胞）联络工作和联谊活动。1989年后，有"三胞"关系的民建会员，主动向我国港澳台地区和海外亲友写信，宣传祖国安定团结的局面，消除他们的疑虑，欢迎他们回来看看，鼓励他们为祖国建设贡献力量。配合青岛举办小交会和洽谈会等活动，邀请我国港澳台地区和海外亲友参加，并协助有关部门做好接待等工作。据不完全统计，3年中，会员共接待我国港澳台地区和海外亲友达264人次。

第五节　会务活动

1989年9月26日，民建青岛市委在中山路74号举行茶话会，庆祝中华人民共和国成立40周年。民建青岛市委主委马绪涛主持会议并讲话，中共青岛市委统战部部长郭存忠应邀到会并讲话。

1989年11月3日，民建企业支部工作经验交流会召开，中共青岛市委统战部、市属各局的有关领导，各民主党派代表，部分企业支部所在党委领导和9个企业支部主任共60余人应邀到会。中共青岛市委统战部部长郭存忠应邀到会并讲话。

1990年11月20日和12月25日，民建青岛市委分别召开了第一届和第二届统战理论研讨会。

1990年6月8日，民建青岛市委在市南区礼堂召开会员大会，传达民建中央常委会和省全委会精神，收听民建中央主席孙起孟在民建中央五届六次常委议上的讲话录音，传达民建中央副主席万国权在省民建全会上的讲话。

1990年12月17日，民建青岛市委隆重举行庆祝中国民主建国会成立45周年纪念会。民建青岛市委主委马绪涛讲话，市政协副主席、市委统战部部长王玉成应邀到会。

1991年5—6月，民建沈阳、阜新、盘锦、铁岭、丹东等市委分别组团来青岛市，与民建青岛市委交流会务，研讨议政工作；郑州市政协、民建郑州市委赴山东学习考察团及民革、民盟、民进、农工党张家口市委20余人联合组团，分别来青学习"议政日"活动经验。

1991年5月8日，民建青岛市委举行在全体会员中开展社会主义思想教育学习班开学典礼，300余名会员出席了会议，民建青岛市委会主委马绪涛做了动员报告，中共青岛市委统战部部长王玉成应邀到会并讲话。

1991年6月25日，民建青岛市委举办了纪念中国共产党建党70周年座谈会，马绪涛做了"没有共产党的领导，就没有繁荣昌盛的新中国"的发言。

1992年1月7日，民建青岛市委召开为"质量、品种、效益年"献计出力活动交流总结大会，110余名会员参会。中共青岛市委统战部部长郭存忠应邀到会并讲话。

1992年上半年，民建青岛市委完成了《中国民主建国会青岛市委员会志》的编撰工作。

第九章　民建青岛市第七届委员会

（1992年6月至1997年3月）

第一节　民建青岛市第七次会员代表大会

民建青岛市第七次会员代表大会于1992年6月3—6日在湛山疗养院召开，会员代表有103人，列席代表有20人。大会由马绪涛主持。

中共青岛市委副书记刘镇、民建山东省委副主委李功九分别讲话，九三学社青岛市委主委刘瑞玉代表各民主党派和工商联致贺词。大会通过了马绪涛代表民建青岛市委第六届委员会做的工作报告。报告指出，自第六次会员代表大会以来，民建青岛市委在中共青岛市委和民建中央及省委领导下，本着"继承、发扬、开拓、务实"的精神，坚持加强自身建设与发挥政党职能两手一起抓，并注重把中共中央的路线、方针、政策与本会实际相结合，发挥群体功能，努力开展为"两个文明"建设和改革开放献计出力活动，取得了较好的成绩。报告要求会员认真学习贯彻中共中央政治局会议和邓小平同志的重要讲话精神，在中共青岛市委的领导下，积极投入改革开放中，发挥与经济界密切联系的特点和优势，履行参政党职能，为加快青岛市经济建设和改革开放献计出力，做出新贡献。

1992年6月，民建青岛市第七次会员代表大会合影

　　大会选举产生了民建青岛市第七届委员会，马绪涛为主任委员，张积金、李荫梓、王礼溥、曹培秋为副主任委员，王礼溥为秘书长（兼）以及16位常委、37位委员。

　　大会通过了《给光荣引退的民建青岛市第六届委员的致敬信》，推选刘启堂为名誉副主委，杨浩春、金宝兴、宗烂卿、高尚鳌、郑永海为第七届委员会顾问，孙鸿正、许世英、杨赞周、杜均寰、于汇霖、于文卿、袁嘉绪、王九令为第七届委员会特邀顾问。

　　1995年10月，马绪涛主委因病去世。1996年2月9日，经民建青岛市第七届九次全体委员会议通过，决定补选冯士筰任民建青岛市委第七届委员会委员、常委、主任委员。

第二节　思想建设

　　1992年，在邓小平南方谈话精神的鼓舞下，全国掀起了改革开放的又一次高潮。民建青岛市委认真贯彻民建全国思想工作会议精神，带领会员学习《邓小平文选》，要求会员解放思想、更新观念，用邓小平建设有中国特色社会主义理论指导各项工作。中共十四大召开时，民建青岛市委召开七届三次常委和全委（扩大）会议，常委、委员、总支和支部主任集体收看电视现场直播，认真组织会员学习中共十四大精神，把会员思想统一到中共十四大文件精神上来。全国统战工作会议召开以后，民建青岛市委以《爱国主义教育实施纲要》为指导，采取多种形式持续开展了党的基本路线教育、爱国主义教育、社会主义教育和法制教育。邀请青岛市人民政府台港澳事务办公室领导做有关台湾问题的报告。民建青岛市委妇女、联络和老龄等工作委员会，以各种形式配合开展思想政治工作，共举办各类学习班11次、报告会10次，组织参观展览会、收听收看录音录像、电视直播7次，举行各类座谈会和经验交流会15次，出刊《青岛民建》24期，各类《简讯》30期。引导会员学习国家的大政方针，了解青岛市的发展形势，进一步学习会章、会史，深刻理解中国共产党领导的多党合作和政治协商制度，不断提高会员的政治素养，使其坚定不移地走社会主义道路，立足本职，投身到改革开放和现代化建设中去。

1993年，民建青岛市委组织会员认真学习中共十四大文件及民建中央六大精神，认真学习《邓小平文选》第三卷。1994年，民建青岛市委召开工作会议，传达贯彻全国统战工作会议精神，学习了邓小平同志有关建设有中国特色社会主义的论述；举办部分中青年会员学习班，对会员普遍进行了社会主义、爱国主义和会史、会章教育；举办部分新会员培训班，以中共十四届四中全会和《爱国主义教育实施纲要》的精神为指导，开展统战知识、政策和形势教育。1995年，民建青岛市委把宣传思想工作作为加强自身建设的首要任务。通过报告会、座谈会、学习班、听录音、看电视等形式，加强对机关干部和全体会员的思想教育。重点对邓小平同志建设有中国特色社会主义理论，中共中央十四届四中、五中全会精神，民建中央六届三次、四次会议精神，《中共中央关于加强党的建设几个重大问题的决定》和《中共中央关于制定国民经济和社会发展"九五"计划和2010年远景目标的建议》进行学习；重点对统战理论、政策、会章、会史及民主党派与中国共产党的亲密合作史进行学习。民建青岛市委还注重表彰会内涌现的好人好事，1995年12月，在黄海饭店隆重庆祝中国民主建国会成立50周年，对全市4个先进支部、9名优秀会务工作者、30名优秀会员进行了表彰。1996年，四方联合三支部、青岛海洋化工集团支部代表和8名优秀会员参加了省民建成立40周年庆祝大会，并受到了表彰。

马绪涛主委去世后，中共山东省委、青岛市委先后做出了学习马绪涛同志先进事迹的决定，评价马绪涛同志"是我省优秀的党外领导干部、民主党派成员的杰出代表、著名的爱国民主人士"，并号召各民主党派、机关干部开展学习马绪涛同志先进事迹的活动。民建青岛市委成立了以冯士筰为组长的学习领导小组，各总支和支部也相继成立了学习领导小组。全会上下齐动员，搜集整理材料，安排和落实报告会、经验交流会等活动，从市委会、总支到支部，各种形式的学习活动层层展开。

1996年10月，中共中央下发了《关于加强社会主义精神文明建设若干重要问题的决议》后，民建青岛市委、各总支和支部迅速掀起学习该决议的热潮，市委会号召全体会员把学习决议和学习马绪涛同志先进事迹结合起来，引导会员牢牢把握马绪涛同志"跟党走、为人民"的主线，认真查找思想上和工作上的差距和不足。民建青岛市委编印了两期《青岛民建》专辑，集中报道马绪涛同志的先进事迹，编印了11期《民建青岛市委向马绪涛同志学习活动简报》，表彰了在活动中涌现出来的好人好事，学习活动步步深入，收到明显的效果。

通过不断加强思想政治工作，会员的素质提高了，市委会的凝聚力增强了，会员的积极性也调动起来了。这一时期，会员中受到民建中央、山东省委、青岛市委表彰的有52人次；有7个基层组织被民建中央、山东省委、青岛市委评为先进集体；获市、省、部委及国家级各种奖励的有6人次。

第三节　组织建设

根据民建中央组织工作会议精神和《关于当前组织工作若干问题的决定》，民建青岛市委先后4次召开组织工作会议，多次召开总支主任、支部主任会议，研究部署组织工作。1994年10月，民建青岛市委对全市的民建基层组织进行了全面调查，写出了《基层工作调查报告》，为指导基层工作提供了第一手资料。

为了适应青岛市行政区划调整后的新格局，民建青岛市委将沧口区总支更名为李沧区总支委员会，将市北、台东区总支合并为市北区总支委员会，对总支委员会成员进行了调整，对所属支部的名称进行了统一。1993年进行的基层换届，使区总支和支部新班子形成了老、中、青三结合格局。1995年5月，民建全国基层组织建设工作经验交流会在无锡召开后，民建青岛市委借鉴外地先进经验制定了《基层组织调整方案》，成立了青岛棉麻站支部，建立了黄岛区总支委员会。1996年8月底完成的第二次基层换届选举，基本上按照跨世纪的目标要求，实现了民建青岛市各基层领导班子的新老交替，换届后全市共有民建基层组织47个，其中有区总支委员会5个、支部委员会42个。

1995年11月11日，民建青岛市委召开老龄工作委员会成立暨庆祝老人节大会，选举张积金为老龄工作委员会主任。11月18日，青岛民建企业家联谊会成立，选举李荫梓为会长。11月23日，民建青岛大学支部成立，这是民建青岛市委有史以来在高校建立的第一个基层组织。

民建青岛市委组织发展继续坚持"三为主"①的原则，贯彻发展与巩固相结合的方针，注重政治素质。民建青岛市委积极争取各区委统战部和市委统战部的支持和帮助，发展新会员工作逐步由自然发展状态向有计划地稳步发展状态过渡。本届共发展新会员167名，全市共有会员667名，会员平均年龄为58.2岁，比上届降低2.3岁；大专以上学历会员有277名，占会员总数的40%；具有中级以上职称的会员占会员总数的52%，大批高层次新会员的入会，有效地改善了会员的年龄结构、人才结构、知识结构，使会员结构基本实现了由工商界人士为主体向经济界知识分子为主体的转变。

在发展新会员的同时，广大民建会员还认真履行人大代表、政协委员及特邀监察、监督员等的职责，积极发挥政治协商和民主监督作用。本届被选为省、市、区人大代表的会员有12人，其中，有省人大代表1人，市人大代表4人，区人大代表7人，省、市人大副主任1人；担任本届省、市、区政协委员的有65人，其中，有省政协常委2人、省政协委员7人、市政协副主席1人、市政协常委7人、市政协副秘书长1人、市政协委员24人、区政协副主席7人、区政协委员34人；36名会员被聘为市区特邀检察员、监察员、执法监督员、廉政询问员等。

民建中央于1992年5月19—21日在北京召开了全国优秀会员、先进集体表

---

① "三为主"是指以协商确定的重点分工为主，以大中城市为主，以有一定代表性的人士为主。

彰大会，肉联厂支部、电缆厂支部、红星化工厂支部、四方区第三联合支部4个支部和马安林等6名会员受到了表彰。

民建青岛市委机关建设实行集体领导和领导分工负责相结合制度，建立和不断完善了各项规章制度，基本做到了机关工作有章可循。市委会利用报告会、学习班和选派干部挂职锻炼等形式，对干部加强教育和培训，努力提高干部素质。改进包区联络员制度，通过包区工作提高了干部为基层服务的意识，密切了机关与基层的关系，锻炼了干部，提高了机关工作水平。1993年，民建青岛市委在推进新老交替、加强领导集体建设和机关建设方面迈出一大步，引进了秘书长、副秘书长和两名机关干部。1995年以来，民建青岛市委机关实行岗位目标管理，并按照推行机构改革和参照执行公务员制度的要求，组织机关干部认真学习国家公务员制度及《国家公务员暂行条例》，组织机关干部编写职位说明书，参加全市公务员资格考试，于1996年7月顺利通过了双改工作检查验收。《青岛市公务员行为规范》下发后，民建青岛市委组织机关全体干部认真学习，规范检查自己的行为。开展学习马绪涛同志的活动后，马绪涛主委勤勤恳恳和任劳任怨的高尚品德激发了机关干部的工作热情，机关联系实际找差距，机关干部工作向着规范化、制度化管理方向迈出了可喜的一步，为建立精干、廉洁、高效的行政管理机构奠定了基础。

第四节　履职尽责

一、发挥参政议政作用

民建青岛市委积极参加中共青岛市委和市政府召开的征求意见会议，会前召开有关人员会议进行酝酿，会上坦诚地提出意见和建议。民建青岛市委与市政府的多个部门建立了对口联系，经常与工商局、税务局、监察局、物价局和城建等部门进行交流，根据他们提出的问题形成提案，促进问题的解决。

1995年，民建青岛市委对理论政策委员会及议政组进行调整，形成了较完善的参政议政体系，使"议政日"制度在机制和内容等各方面日趋完善。民建青岛市委以"议政日"为基点，组织会员围绕全市中心工作、社会热点和群众关心的突出问题进行讨论，会后进一步调研、整理形成意见和建议。本届市委会共举行"议政日"活动38次，参加会员950人

1996年的第四期和第五期《议政简报》

次，编写《议政简报》35期，撰写专题报告11份，提出意见和建议340余条，分送中共青岛市委、市政府及有关部门参阅，市主要领导对许多意见和建议做了批示。其中，《整建制转让——盘活国有资产的有效途径》和由民建青岛市委牵头、与5个党派共同完成的《青岛市新区划后各区经济发展战略的调研报告》得到市领导的好评，《我市猪肉市场存在的问题和几点建议》也对市政府决策产生了积极影响。另外，有21期《议政简报》被《联合日报》，中央统战部、民建中央、民建省委青岛内部刊物，中共青岛市委的《信息专报》《综合信息》和《青岛政协》等刊载。中共青岛市委书记俞正声看了《民建简讯》介绍的"会员容同生发现引进设备的重大问题，赢得了德国专家的高度赞扬"后，当即做了批示，要求派记者深入汽车制造厂，详细了解他的事迹并予以报道。1992年12月12日，《青岛日报》头版以大篇幅做了《到德国，并不遥远》的报道。

民建青岛市委继续利用每年向会员发贺年信的机会，附寄《民建会员议政建议表》征询、搜集会员的意见和建议，为人大代表和政协委员在会议上提建议和提案做参考。

几年来，会员共提供意见和建议300余条，人大代表和政协委员据此提出建议和提案196件，许多建议和提案得到中共青岛市委、市人大、市政府和市政协领导的重视与肯定，多数提案得到落实。民建青岛市委有3件提案被青岛市政协评为优秀提案，有6位会员的提案分别被评为优秀提案。

二、拓展社会服务工作渠道

民建青岛市委以经济建设为中心，把社会服务活动作为为参政议政、民主监督提供素材和依据的重要渠道。各级组织发挥优势，注重实效，开展各种形式的社会服务活动。1995年，民建青岛市委按照中共青岛市委、市政府和民建省委的部署，开展为"管理效益年"献计出力活动，设立办公室，派专人深入基层了解企业会员取得的成绩，编印"管理效益年"活动简讯6期，其中5期被省民建《快报》选用。民建棉麻站支部在"管理效益年"活动中，向站党委提出了"采取承兑汇票抵押和预收定金的办法，保证资金筹措到位和减少经营风险"的建议，解决了进口17500吨棉花需要筹措4亿元人民币的难题。民建青岛市委发挥人才优势，扩大培训办学，开展咨询服务，开拓会计师服务等中介项目。

1996年，民建青岛市委按照民建中央"两建"工作会议关于努力拓展中介服务领域的指示精神，积极筹建山东振青会计师事务所民建业务部，在会员的积极支持下，业务部的各项业务得以顺利开展。

三、开展人才培养

1994年3月，青岛民联业余学校及所属各区校更名为青岛民建职业学校及各区职业学校。在培训办学过程中，其遵照民建中央制定的"适应需要，发挥优势，联合协作，讲求实效和开拓前进"的办学方针，以办专业技术教育为主，正确处理社会效益和经济效益的关系，开设了财会、国际贸易、企业管理、法律等专业课，举办高、中级电工，建筑施工等培训班，为社会培养大中专毕业生3540人，各类培训班结业生8296人。国家教委及省、市负责成人教育工作的领导到李沧分校检查指导工作并给予了好评，李沧区分校先后两次被市教委评为社会力量办学先进单位。

第五节 会务活动

1992年11月29日，经市工商局批准，由民建青岛市委申报的集体性企业——青岛建兴经济开发公司正式成立，董事长为马绪涛，总经理为金宝兴（兼）。公司下设经理部、工业开发部、水产开发部、商贸开发部、制冷工程部、窑炉工程部等业务部门。

1992年12月5日，民建青岛市委在市民主党派礼堂召开全体会员大会，学习了全国人大常委会副委员长、民建中央主席孙起孟在民建第六次全国代表大会上所做的"积极贯彻中共十四大精神，努力开创民建工作新局面"报告，250余名会员出席，民建青岛市委主委马绪涛主持。

1992年12月16日，由民建青岛市委申报、拥有60多张床位的青岛脑血管病专科门诊部正式开业。市人大常委会副主任施稼声、市政府顾问董尧椿、市政协副主席邓仁爱、台东区委书记辛毓明、青岛市卫生局副局长丁士祯、中共青岛市委统战部副部长刘科等应邀参加了开业典礼，民建青岛市委主委马绪涛主持。

1993年4月28日，民建中央为两个文明建设服务部副部长张永康在民建山东省委主委李功九陪同下来青考察。民建青岛市委就"两个文明"建设等方面的工作进行了汇报。

1993年5月11日、6月23日，民建本溪市委于清河主委等一行6人，民建河南省委，开封、新乡两市委在河南省副主委、开封市委主委杜泰武带领下一行10人，来青考察工作，并就各自的工作情况进行了交流。

1993年6月4日，青岛市政府及所属各部门为加强与各民主党派、工商联的联系，举行负责人座谈会，民建青岛市委副主委王礼溥参加会议。会上明确了与民建、工商联对口联系的政府部门有市计委、市经委、市经贸委、工商局、商业局、供销社、物价局、乡镇企业局。

1993年12月16日，民建青岛市委在华联商厦7楼多功能厅举办中国民主建国会建会48周年庆祝活动，百余名会员参会。

1994年2月2日，中共青岛市委书记俞正声及市委全体常委在国宾馆会见民主党派与工商联主委，民建青岛市委主委马绪涛应邀出席。

1994年2月22日晚，中共青岛市委副书记胡延森代表中共青岛市委，在迎宾馆为民建青岛市委主委马绪涛、副主委张积金，民建四方区总支主任兼四方区工商联主委于汇霖等祝寿。中共青岛市委统战部部长郭存忠及各民主党派负责人、工商联负责人应邀到会。

1994年5月27日，青岛民建职业学校在景山分校召开了更名后的第一次各分校校长联席会议，民建青岛市委主委兼职业学校校长马绪涛等参加。

1994年7月9—12日，民建中央副主席万国权、冯梯云、冯克煦随中央统战部组织的民主党派中央和全国工商联负责人赴山东考察团来青岛考察工作。12日上午，民建青岛市委主委马绪涛等到八大关宾馆拜访了民建中央领导，汇报了市委会近年来的工作情况和近期打算。

1994年8月29日，以民建辽宁省委主委姜笑琴为团长的民建辽宁省委机关考察团一行12人来青考察，民建青岛市委主委马绪涛，副主委张积金、王礼溥等与他们进行了工作交流。

1995年8月出刊的《青岛民建》，刊登了民建青岛市委主委马绪涛撰写的《我与民建四十年》，马绪涛主委对自己过去40年的民建生涯进行了回顾。

1995年8月9日，正在青岛参加暑休研讨班的民建山东省委名誉主委徐文园、主委李功九，中共山东省委统战部副部长李树印，在民建青岛市委副主委张积金、秘书长吴德仁陪同下，前往八大关宾馆看望在青休假和调研的全国人大常委会副委员长、民建中央主席孙起孟。8月15日，孙起孟主席会见王礼溥副主委，听取参政议政工作汇报，并对今后的参政议政工作做了重要指示。8月16日，孙起孟前往医院，看望正在住院治疗的马绪涛主委。马绪涛主委在住院期间，中共山东省委书记赵志浩，省人大常委会主任李振及副主任郭松年、严庆清、徐学孟、赵林山，副省长韩寓群，省政协副主席郑守仪，青岛市党政领导俞正声、秦家浩、胡延森、孙炳岳、杨在茂，民建山东省委名誉主委徐文园、主委李功九等到医院进行了看望。

1995年8月14日，民建山东省委名誉主委徐文园、主委李功九到市委会机关看望工作人员，并与处以上干部进行了座谈。

1995年10月27日凌晨2点45分，著名爱国民主人士、民建中央委员、山东省人大常委会副主任、民建山东省委副主委、青岛市人大常委会副主任、民建青岛市委主委马绪涛同志，因病医治无效，在青岛逝世，享年71岁。11月2日上午，马绪涛同志遗体在青岛殡仪馆火化。省领导王树芳、郭松年、郑守仪、李功九、王久祜，市领导俞正声、胡延森、徐世甫、孙炳岳、杨在茂等，市老领导李治文、臧坤等同志，驻青部队、各市区和市直机关干部代表，市各民主党派、工商联负责人，市委统战部、民建青岛市委机关全体干部及马绪涛同志的生前好友共1000多人参加了追悼大会，许多老会员自发前来向马绪涛同志的遗体告别，并对马绪涛同志的家属表示了亲切慰问。

1996年8月7日，民建青岛市委召开七届十九次会议，做出向马绪涛同志学习的决定，研究制定了宣传学习马绪涛同志先进事迹活动的安排意见，并于8月下旬举行了宣传学习马绪涛同志先进事迹报告会。8月28日，省民建四届十二次会议通过《中国民主建国会山东省委员会关于开展向马绪涛同志学习活动的决定》。

1995年12月18日，民建青岛市委在黄海饭店会议厅集会，隆重庆祝中国民主建国会成立50周年。中共青岛市委副书记胡延森，市人大常委会副主任刘秀英，市政协副主席郭存忠、孙鸿正以及市、区统战部，市各民主党派，市民建与政府有关对口联系部门，市民建各基层支部所在党委负责同志，应邀到会。胡延森副书记代表市委、市政府讲话，孙鸿正副主席代表各民主党派和工商联致贺词。会上对全市4个先进支部、9名优秀会务工作者和30名优秀会员进行了表彰。

第十章　民建青岛市第八届委员会

（1997年3月至2002年1月）

第一节　民建青岛市第八次会员代表大会

民建青岛市第八次会员代表大会于1997年3月4—11日在邮电部疗养院召开，民建会员代表125人出席会议。王礼溥副主委致开幕词，冯士筰主委做工作报告。报告指出，国家正处在为实现"九五"计划和2010年远景目标奋斗的重要历史时期。民建作为参政党，要切实担负起历史赋予的光荣使命，以邓小平理论为指导，积极为青岛市"两个文明"建设服务。要进一步加强民建青岛市委会的思想建设、组织建设和作风建设，发扬优点，克服缺点，努力发挥会的整体功能，不断提高会员的觉悟程度，使本会在参政议政、民主监督、社会服务等工作中，发挥更加积极有效的作用。大会号召全市各级民建组织和全体会员，继承邓小平同志的遗志，紧密团结在以江泽民同志为核心的党中央周围，高举爱国主义、社会主义旗帜，始终不渝地坚持"长期共存、互相监督、肝胆相照、荣辱与共"的方针，在中共青岛市委、民建山东省委的领导下，发扬马绪涛同志"跟党走、为人民"的精神，为把青岛市建设成社会主义现代化的国际城市做出贡献。

会议期间，中共青岛市委副书记胡延森和民建山东省委主委李功九分别讲话。市人大、市政府、市政协、市委统战部、各民主党派、工商联的领导同志到会祝贺。

1997年3月，民建青岛市第八次会员代表大会合影

大会选举产生了民建青岛市第八届委员会，冯士筰当选为主任委员，李荫梓、王礼溥、顾枫为副主任委员，李荫梓为秘书长（兼），选举常委16人、委员34人。

届中，民建青岛市委进行了两次调整。1998年5月，增补丁锜为常务副主委，主持市委会工作；张永昌为秘书长。2001年3月22日，民建青岛市委召开八届十一次（扩大）会议，全会通过选举，增补巩乃炎为民建青岛市第八届委员会副主任委员，增补王若雄、王继尚为民建青岛市第八届委员会委员和常务委员。市政协副主席、市委统战部部长宋建民，市委统战部副部长刘新田及干部处、党派处负责同志到会祝贺。

第二节　思想建设

民建青岛市委始终把加强思想政治工作作为头等大事来抓。组织会员深入学习马列主义、毛泽东思想、邓小平理论，以江泽民同志"三个代表"重要思想为指导，提高全体会员的政治修养和思想水平，增强对建设中国特色社会主义的共识。把坚持和自觉接受中国共产党领导作为参政党的根本政治准则。深化对参政党的地位、性质、作用以及历史使命的认识，在重大问题上分清是非，坚定不移地与中国共产党保持高度一致，为巩固和发展中国共产党领导的多党合作制度奠定坚实的思想基础。学习中共十五大精神和邓小平关于我国社会主义初级阶段有关理论和"三个有利于"的精神实质。坚持用中国共产党的最新理论成果武装广大会员的头脑，按照中共中央的要求和民建中央的通知精神，努力把理论学习提高到一个新水平。加强自身建设，按照"三个代表"重要思想的要求，内强素质、外塑形象，努力营造好的工作氛围。向广大会员宣传中央精神，提高会员的思想水平。及时把通知和要求贯彻到基层，落实到学习与活动中。深入开展民建的优良传统教育，引导会员在实现共同理想和宏伟目标的征程上，深刻认识和理解民建的性质、地位和作用，努力做到"协商是主人，监督是净友"。要求广大会员向马绪涛同志学习，学习他艰苦朴素、平易近人、热爱党、热爱社会主义的优良品质，学习他宽厚待人、与人为善、勤奋工作的作风，做中国共产党的忠实朋友，把民建的光荣传统发扬光大。

2000年10月15日，民建青岛市委召开纪念马绪涛主委逝世五周年座谈会，座谈会由副主委丁锜主持，刘新田讲话，对如何结合学习马绪涛同志先进事迹在新形势下做好民建工作谈了意见。

民建青岛市委积极抓住1997年香港回归、1999年澳门回归、1999年新中国成立50周

2000年10月25日，民建青岛市委召开
纪念马绪涛主委逝世五周年座谈会

年、2001年中国共产党建党80周年等重要历史时刻，对会员进行爱国主义教育。组织各种庆祝会、座谈会、歌咏比赛以及知识竞赛等活动，歌颂伟大的党、伟大的祖国。各基层组织也开展了不同形式的活动，表达了会员对祖国、对共产党的热爱之心。

广大会员自觉学习时事政治，拥护党中央的决策，支持我国政府的严正立场，在本职岗位上努力工作，维护团结稳定的大好局面。

妇女、联络、老龄、理论政策、经济5个工作委员会举办的活动有声有色，以多种形式配合思想政治工作，召开座谈会，开展各项学习活动。举办了法律、医学讲座和形势报告等，组织大家参观学习，提高会员的政治水平和议政能力。

第三节　组织建设

民建青岛市委以抓好基层组织工作为重点，以调整为基础，使组织工作始终在健康有序的轨道上运行。1999年，圆满完成了市南区、市北区、四方区、李沧区和黄岛区总支的换届工作，并撤销了市直支部，调整充实了各基层支部。在各区委统战部的协助支持下，先后调整6区总支的领导班子结构，把一批年富力强、有能力、热爱会务工作的会员充实进领导班子，使基层会务工作内容更加多样化、合理化、制度化。新成立了崂山总支、青大二支部、海大支部、青钢集团支部和城阳支部，拓宽了会员发展范围。

积极开展基层组织活动，在活动内容和方式上更具特色。大多数支部能按计划组织会员活动，活动形式丰富多彩，例如，开展"手拉手献爱心"活动，与贫困小学结对子，与其他城市结成友好支部，开展走访或喜闻乐见的文艺活动等。由于基层组织活动开展得好，

2001年，民建青岛市委举办第22期新会员培训班

2000年年末，市南、黄岛、崂山总支被评为民建山东省先进集体，崂山总支被评为民建中央先进集体，亓久平被评为全国先进个人，亓久平等6位同志被评为民建山东省优秀会员。

民建青岛市委班子成员经常性地深入基层组织参加学习与活动，了解会员的心声，努力做一些力所能及的工作，切实为会员排忧解难。及时联系有关部门，对会员在房屋、医疗费报销、子女就业、工作安排等方面遇到的困难进行协调解决。

参照国家公务员制度管理办法，民建青岛市委机关先后在学习、工作、财务、卫生等8个方面制定了有关制度和规定，全体机关工作人员按制度开展工作；参加中共青岛市委统战部组织的机关干部学习班和民建青岛市委组织的读书班、学习班，从政治理论上入手，提高思想政治水平，增强了主动干好工作的自觉性；注重业务培训和学习，参加市委、市政府有关部门举办的档案管理、年鉴、统计、财务、人事工资、医改等方面的学习班培训，提高素质能力。

在发展会员方面，按照民建中央的要求，民建青岛市委坚持"三为主"的方针，注重质量，注重数量，注重政治素质和品德修养，注重吸收经济界有代表性的人士入会。严格组织审查，确保每一位新会员必须经过基层组织把关。本届共发展会员164名，学历均为大专以上，其中不乏高学历、高技术知识分子，具有研究生以上学历的有27人，具有中高级职称的有112人。注意从非公有制经济代表人士中选拔会员，把业绩突出、贡献较大而且公益事业做得好的、有社会影响力的人士吸收到组织中来，为组织注入了新鲜血液。至2001年年底，共有会员777人，平均年龄为55岁。其中，有大专以上文化的为469人，有中高级职称的为488人；有在职会员373人，非公有制代表人士57人；71岁以上的老会员有168人，女会员有161人。市委会共有6个总支委员会、51个支部委员会、5个专门委员会。本届共有各级人大代表11人，各级政协委员84人。其中，有省人大代表1人、市人大代表7人、区人大代表3人；有全国政协委员1人、省政协委员3人、市政协委员28人、区政协委员52人。

第四节　履职尽责

一、履行参政议政职能

通过实践，"议政日"制度不断完善、升华，议政的形式、内容也有了新的特点。1999年4月29日，民建青岛市委召开创建"议政日"十周年会议暨参政议政研讨会，认真总结十年来"议政日"活动的成功经验。民建中央、省委的领导，中共青岛市委、市人大、市政府、市政协有关领导应邀到会，全市各民主党派、工商联的领导以及对口联系单位负责人参加了会议，民建中央副主席朱元成、民建山东省委主委墨文川、

1999年4月29日，民建青岛市委召开"议政日"十周年暨参政议政研讨会

中共青岛市委副书记程友新分别讲话并对"议政日"工作给予了充分的肯定和高度评价。民建青岛市委还代表民建山东省委出席民建中央在福州召开的参政议政工作会议，就"议政日"工作经验在大会上做了交流。以"议政日"为基点，每两个月组织一次活动，围绕全市的中心工作、社会上的热点难点以及群众关心的突出问题开展讨论，就有关问题做专题调研，集中整理形成意见和建议。1997—2002年，共举行"议政日"活动33次，参加"议政日"活动近千人次；编写《议政简报》36期，撰写专题报告6份，提出意见建议19条，上报中共青岛市委、市政府及有关部门参考。许多意见和建议受到市领导和有关方面的高度重视，并分别做了批示。其中，《关于加快我市民营科技企业发展的建议》引起市政府、市科委等部门的高度关注，市人大为此出台了《关于民营科技企业管理条例》，高科园成立了民营科技工业园，城阳区建立了民营工业园，此项建议获青岛市统战理论调研宣传优秀成果最高奖——特别奖。为调动每个会员参加"议政日"活动的积极性，民建青岛市委推出了填报《议政建议表》制度，使广大会员通过这种形式共同参与，反映社情民意，效果明显。同时，还建立了青岛民建社情民意信息员队伍。这支队伍分布在各行各业，专门收集所在行业的社情民意。信息员反映的情况经深入调查后，通过《社情民意反映》上报市党政领导及有关部门。《社情民意反映》共编写了16期，大多数得到了市政府及有关部门的反馈和处理，收到了良好的社会效益。

二、开展专题调研

按照青岛市委、市政府、市政协、市委统战部安排的调研课题，民建青岛市委通过召开座谈会、走访专家学者、深入实地进行专题调研和联合调研等形式，共完成调研报告7篇。其中《关于我市私营进出口权的调查》《关于我市停、缓建工程的调查与建议》《关于加快我市民营科技企业发展的建议》获全市统战系统联合调研成果一等奖。民建青岛市委共提交组织提案18件，其中《控制耕地面积减少，确保粮食稳定增产》《我市物业管理存在的问题与对策》《把水利建设的重点转移到农田有效灌溉面积上》《关于加强基础测绘工作，建设数字化青岛的建议》均被评为优秀提案。《农民增收，需要给予积极的财政政策》《关于实施港区联动一体化的建议》等提案被市政府、市政协列为头号提案予以高度重视。2001年，民建青岛市委与民进青岛市委、市工商联的联合调研课题"关于我市三次产业结构比重的调研报告""关于我市大型零售百货商场存在的问题与对策"和"非公有制经济代表人士思想政治工作情况的调研"分别被市委统战部评为一、二、三等奖。

民建青岛市委共撰写论文8篇，其中《对口联系的理论基础和实践经验浅谈》《知识经济与统一战线》《新时期民建思想建设工作初探》获全市统战理论调研宣传优秀成果三等奖。《关于民建参与西部大开发的思考》参加了民建中央在上海召开的华东6省1市专题讨论会并进行了大会发言。在省政协会上提交了《努力提高我省城市空气质量，为实施经济国际化战略服务》和《黄河下游的根本问题及理论建议》两篇调研报告。青岛电视台《委员论坛》对《关于我市停、缓建工程的调查与建议》以及《铁路两侧的整治与建议》进行了报道。民建会员在人大、政协会议上共提交议案、提案383件，充分发挥了人大代表、政协委员参政议政的作用。民建会员在区级人大、政协会议上的建议、提案也有许多被评为优秀建议、提案。市南、市北、四方、李沧、崂山、黄岛等的民建会员中的代表、委员们，在每次人大、政协会上都能积极建言献策，为青岛市以及各区的经济与发展提出了一些很好的建议，做出了一定的贡献。

三、参加政治协商、民主监督

民建会员中的各级人大代表和政协委员都能积极履行自己的责任，尽心尽力地发挥代表和委员的职能作用，在各项工作中做出了表率。有29名会员被聘为市、区的特邀监察员、监督员、检察员等，他们为青岛市、区的党风廉政建设，纠正各种不正之风以及社会不良现象，开展监督、检查、调研工作，履行职能，发挥作用，受到青岛市委和市政府的欢迎。有3位民建会员担任副市长、副区长职务，他们立足本职岗位，尽心尽力，工作突出，为青岛市的经济社会发展做出了积极贡献。

民建青岛市委积极参与青岛市委、市政府以及对口联系单位的政策、法规协商与讨论工作，与经济、计划、建设、卫生、工商、物价等相关部门建立了对口联系，经常参加各种通报会、论证会、听证会以及座谈会等，就有关群众反响强烈的水价、中小学生收费、医疗保健、社区服务、市场管理等问题，坦诚提出自己的意见和建议。

四、为"两个文明"建设做贡献

遵照"解放思想，放宽视野，适应需要，灵活多样，扎扎实实，讲求实效，尽力而为，量力而行"的基本要求，民建青岛市委努力结合自己的特点和实际，做好社会服务工作。

在竞争非常激烈的情况下，民建所属的5所职业学校，采取联合、择优的办法，脚踏实地，稳步求发展。对会计学科的学员进行辅导约2万人次，对其他学科进行培训近千人次，对成人高考进行辅导500余人次。沧口分校因建筑专业人才培训效果显著被市教委评为规范化学校、社会力量办学先进单位；市南分校被市教委评为信得过办学单位。通过办学培训，民建青岛市委为青岛的经济建设培养了一批有用人才，发挥了民主党派直接为社会服务的优势。

为贫困地区的儿童捐资助学蔚然成风。会员企业青岛天泰集团股份有限公司（简称"天泰集团"）响应民建中央号召，代表民建山东省委、青岛市委向贵州省蜜龙县德卧镇长田小学捐款15万元修建希望小学，并捐赠了教材等书籍。顺安房地产公司总经理李松群捐款22万元，为胶州东城乡援建光彩小学。1998年赈灾活动中，民建青岛市委共捐款14.4万余元，捐衣物1500多件。会员孙振新、程瑞华等长年救助贫困家庭，为失学儿童捐款十几万元，多次受到四方区政府的表彰。民建会员积极参与市妇联的"春蕾计划"，个人、集体资助失学儿童13人。天泰集团先后出资100万元设"天泰奖学金""天泰世纪人才奖"资助品学兼优、家庭困难的大学生，奖励在教学科研和现代化管理方面取得突出成绩的青年教师。许多会员企业为政府排忧解难，先后安置下岗职工千余人，有的企业免费为下岗职工进行技能培训。

民建企业家联谊会发挥企业间互相沟通联

2000年12月13日，民建青岛市委庆祝中
国民主建国会成立55周年

系的作用，为一些企业解决了困难。民建青岛市委带领联谊会部分企业到菏泽、德州等地考察、学习、洽谈项目，为省内东西部地区的均衡发展做出积极努力。民建法律事务部为会员举办法律知识讲座，帮助会员解决法律方面的难题，协调解决企业的经济纠纷。民建医院被劳动和社会保障局定为青岛市城镇职工医疗保险定点机构，自1998年开始对医院所在区及周围几个大中型国有企业退休职工进行免费查体，为困难病人免除一切费用。

第五节　会务活动

1997年5月21日，民建青岛市委在党派会议厅举行"香港知识竞赛暨迎回归联欢会"，民建青岛市委主委冯士筰，副主委李荫梓、王礼溥、顾枫及6个代表队和200多名会员参加。

1997年12月12日，中共青岛市委统战部和民建青岛市委召开座谈会，恭贺民建青岛市委主委冯士筰当选中国科学院院士。市政协副主席、中共青岛市委统战部部长张国植主持会议并讲话。

1998年2月4日和3月12日，中共青岛市委副书记胡延森、程友新分别走访民建青岛市委机关，并听取民建青岛市委副主委顾枫、王礼溥关于民建青岛市委工作情况的汇报。

1998年7月8日，民建山东省委秘书长郭爱玲、社会服务处处长李勇专程从济赴青，向踊跃捐资助学的11位青岛民建会员企业家授牌，表彰他们为社会做出的贡献。

1999年5月，民建青岛市委召开纪念五四运动与面向新世纪座谈会和纪念青岛解放50周年座谈会。

1999年7月23日，民建青岛市委召开有代表性会员座谈会，坚决拥护中共中央关于处理和解决"法轮功"问题的重要决策，剖析批判李洪志及其"法轮功"反科学、反社会、反政府的本质。

1999年9月23日，民建青岛市委在民主党派大楼礼堂集会，隆重庆祝中华人民共和国成立50周年。

1999年年底和2000年年初，中共青岛市委副书记黄学军，青岛市政协主席胡延森、副主席毕于岩等分别走访民建青岛市委机关。

2000年6月27—28日，民建中央经济委员会全体会议在黄海饭店举行。民建中央常委、经济委员会主任萧灼基教授，民建中央常委、山东省委主委墨文川，民建中央常委、青岛市委主委冯士筰院士等出席了会议。青岛市副市长杨军，中共青岛市委统战部部长宋建民、副部长刘新田到会祝贺。27日下午，萧灼基教授在青岛市级机关会议中心做了"全球经济一体化及其对策"的专题报告。

2000年11月6—8日，全国人大常委会副委员长、民建中央主席成思危率领赴山东职业教育执法调研组来青岛进行《职业教育法》情况调研。成思危主席于7日晚在市国宾馆接见了民建青岛市委主委冯士筰、副主委丁锜、秘书长张永昌以及会员企业家亓久平、王若雄。成思危主席就民建自身建设和企业发展等方面的问题与大家进行了亲切的交谈。

2001年6月，民建青岛市委成功承办了民建全国社会服务工作会议和民建中央七届十五次常委会。会议期间，中央统战部的领导召开了民建青岛市部分企业代表人士座谈会。成思危主席接见了民建青岛市后备干部代表。民建青岛市委组织与会代表参观了海尔集团、青啤公司、青岛天泰集团股份有限公司等。

第十一章　民建青岛市第九届委员会

（2002年1月至2006年12月）

第一节　民建青岛市第九次代表大会

民建青岛市第九次代表大会于2002年1月22日至24日在青岛市级机关会议中心隆重召开，共有145名会员代表参加此次会议。青岛市政协副主席、民建青岛市委主委冯士筰致开幕词，民建青岛市委副主委丁锜代表第八届民建青岛市委做了工作报告。报告指出，自1997年3月以来，民建青岛市委在民建山东省委和中共青岛市委的领导下，带领全市会员，认真贯彻中国共产党的基本路线和方针政策，深入学习邓小平理论和"三个代表"重要思想，不断加强自身建设，提高全会参政议政的整体水平；发挥整体功能，坚持和完善"议政日"制度，认真履行参政议政职能；加强社会服务力度，为"两个文明"建设贡献力量。会议要求，全市民建会员要以邓小平理论为指导，积极为青岛市"两个文明"建设服务，要进一步加强思想建设、组织建设和作风建设，使新一届市委会成为与新的形势和任务相适应的，政治上坚定、作风上务实、工作上协调，能团结和带领全体会员开创工作新局面的领导集体；要努力发挥整体功能，不断提高会员的政治素质和思想水平，使民建在参政议政、民主监督、社会服务等工作中发挥更加积极、有效的作用。会议号召，全市各级民建组织和全体会员，要高举邓小平理论伟大旗帜，更加紧密地团结在以江泽民同志为核心的党中央周围，以奋发有为的精神状态和强烈的事业心、责任感，解放思想、实事求是、与时俱进、开拓创新，发扬民建的优良传统，紧跟中华民族伟大复兴的新步伐，为促进经济和社会健康发展、为改革开放和现代化建设做出新的贡献。

会议期间，山东省人大常委会副主任、民建省委主委墨文川，中共青岛市委副书记黄学军等参加了大会开幕式并讲话。青岛市政协副主席、中共青岛市委统战部部长宋建民参加了大会闭幕式并讲话。

2002年1月，民建青岛市第九次代表大会合影

大会选举产生民建青岛市第九届委员会，顾枫为民建青岛市第九届委员会主任委员，巩乃炎、亓久平、王宁为副主任委员，林志群为秘书长。民建青岛市第九届委员会第一次全体会议推举冯士筰为民建青岛市第九届委员会名誉主委，张积金、曹培秋为名誉副主委。

第二节　思想建设

民建青岛市委认真组织会员学习邓小平理论、"三个代表"重要思想、江泽民总书记"七一"讲话、中共中央有关会议精神和文件，学习中共十六大，十六届三中、四中、五中、六中全会的报告，结合中共中央两个5号文件和中共青岛市委4号文件的颁布，积极组织会员学习文件精神，先后在常委（扩大）会议、各专委会工作会议、机关干部、基层支部及广大会员中进行传达。

民建青岛市委通过多种形式，全面加强对全体会员的思想教育。先后组织机关干部和退休领导、干部对中国共产党历次会议和文件精神，对民建中央和省委会议精神进行了认真学习；举办了新会员学习班，通过系统的讲解会章、会史和中国共产党领导的多党合作制度，使新会员对多党合作的优良传统以及各个历史时期风雨同舟的经历有了较全面、深刻的了解，端正了入会动机，明确了责任和义务，增强了信心；创立并完善了民建青岛市委网站，开通了电子邮件，建立了局域网，加强思想宣传；举行年度先进表彰会，对先进集体、先进个人等进行表彰，鼓舞了会员参政议政、参与会务的信心；加强宣传报道，深入基层，了解会员思想和工作状况，掌握基层动态，对部分会员的先进事迹及时进行采访和宣传报道。

2005年，为庆祝民建成立60周年，民建青岛市委组织召开了庆祝中国民主建国会成立60周年座谈会；结合学习贯彻民建中央八届三中全会精神，开展"建设新世纪参政党、做合格民建会员"征文活动，进一步激发了广大会员爱党、爱国、爱会、爱学的热情。

第三节　组织建设

民建青岛市委认真贯彻民建中央的意见，严格按照"三为主"的方针做好会员发展工作，加强基层组织建设。2002—2006年，共发展会员163名，全部为大专以上学历。

2002年是民建基层组织的换届年。4月，民建青岛市委专门召开了组织工作会议，就基层换届工作进行了全面部署。换届工作于9月开始，11月圆满完成。此次基层换届选举工作，得到了中共青岛市委统战部、中共各区委的高度重视和大力支持。

为做好后备干部的选拔培养工作，民建青岛市委除了认真推荐和培训后备干部外，还按照"梯队"结构，采取建立档案、定位、定人、定察、定培的方法，做好对骨干会员的培养、推荐和安排工作。2003年，根据上级要求，民建青岛市委会制作了《新会员入会程序表》，使组织发展工作更趋合理、完善和规范。2005年，根据民建中央要求，青岛市会员的档案实现了电子化管理。

2004年是民建中央确定的基层组织建设年。民建青岛市委积极响民建中央的号召，本着把基层组织建设成"自我教育的学校、团结互助的集体、参政议政的桥梁、培养人才的基地"这一目标，通过多种形式加强各级基层组织建设。3月下旬，民建青岛市委召开了组织工作会议，进一步细化了组织建设工作的意义、具体措施、工作目标和任务；

2002年4月11日，民建青岛市委召开组织工作会议

积极开展争创规范化、制度化支部活动；进一步丰富基层组织活动的形式和内容，增强会员的凝聚力和向心力；加强对外交流沟通，积极学习借鉴兄弟省市的先进经验。

为贯彻落实《民建中央进一步加强基层组织建设的意见》和《民建山东省委关于进一步加强基层组织建设的实施意见》，加强对基层组织建设的领导，民建青岛市委研究通过《民建青岛市委关于主委、副主委、常委联系支部的决定》，主委、副主委、常委按照分工参加了所联系支部的活动，提高了会员们的活动热情。全市涌现出一批优秀基层组织和会员。2005年，民建市南区基层委被民建中央授予全国先进基层组织称号，王若雄被授予全国优秀会员称号；另有11个支部被民建山东省委评为全省先进集体、25名会员被评为全省优秀会员。根据民建中央的要求，民建青岛市委还向全国妇联"妇女人才库"推荐了30名优秀女会员。

2006年，民建青岛市南区基层委被中共中央统战部、各民主党派中央、全国工商联联合授予"为全面建设小康社会做贡献先进集体"称号。民建青岛市委从思想、制度、队伍、作风等方面积极推进机关建设，保障了各项工作的顺利开展。先后制定健全了14项工作制度，促进了机关工作的规范化。进一步充实机关队伍力量，2004—2006年先后招录了5名公务员，接受安排了1名军转干部。机关内部建立了局域网，实现了办公资源的共享。

截至2006年年底，全市共有民建会员906名，会员平均年龄为55.9岁。第九届委员会任职期间，共举办新会员学习班4期，培训会员164人次；推选61名会员参加民建山东省委和中共青岛市委统战部组织的骨干会员培训班。此外，还向各级人大、政协分别推荐人大代表13人、政协委员101人。其中，有全国人大代表1人、市人大代表8人、区人大代表4人；有全国政协委员1人、省政协委员8人、市政协委员32人、区政协委员60人。另外有36名会员被聘为市、区特邀监察员、监督员、检查员等。

第四节　履职尽责

一、围绕中心工作参政议政

2002—2006年，民建青岛市委主要领导先后参加中共青岛市委、市政府召开的协商会、谈心会、座谈会、情况通报会10次，就青岛市政治、经济、社会、文化生活中的重大问题开展政治协商，提出了有价值的意见和建议，受到了市委、市政府的重视。如就"十一五"规划所提出的6条

2003年11月，民建青岛市委召开参政议政工作交流会

建议，有4条被中共青岛市委采纳；就贯彻实施中共中央5号文件所提的4条建议，被全部采纳并吸收在中共青岛市委4号文件中。积极参与市政协的政治协商，通过参加主席会议、常委会议、专题座谈会等就树立和落实科学发展观、构建社会主义和谐社会、科技风险投资体系建设、海洋科技成果产业化、农村税费改革、生态城市建设等有关青岛市发展的重要问题，积极发表意见、建议，取得了良好效果。

2004年开始，民建青岛市委积极响应中共青岛市委开展市民月活动的号

召，多次专门召开会议，下发文件，进行精心组织，得到了各区委、直属支部的积极响应。据统计，民建青岛市委先后筛选整理出80条建议上报中共青岛市委统战部，多条建议引起了市有关部门的高度重视。其中，"以迎办奥运帆船比赛为契机，加强无障碍设施建设与管理"的建议在2004年的活动中荣获三等奖；"关于加快发展我市太阳能产业的建议"在2005年的活动中荣获二等奖。

民建青岛市委充分发挥民建密切联系经济界的特色和优势，围绕市委、市政府的中心工作，认真开展调研，积极建言献策，先后向青岛市人代会、政协提出建议、提案357件（组织提案24件，人大代表建议110件，政协提案223件）。其中，"关于理顺关系促进我市物业管理健康发展的建议"，直接催生了青岛市新版物业管理条例的出台，《人民政协报》以"民建青岛市委积极推动青岛市出台物业管理新规"为题对此进行了专题报道。"关于加快发展我市太阳能产业的建议"，由于调研深入、论据充分、建议合理，在2005年12月全省民主党派优秀提案评选中，被中共山东省委统战部评为全省民主党派优秀提案。由于参政议政工作成绩突出，2005年民建青岛市委被中共山东省委统战部授予全省民主党派优秀提案先进集体称号。

二、不断完善"议政日"制度

民建青岛市委不断坚持、完善和创新"议政日"制度，使"议政日"制度从形式到内容都有了新的特点。一是在原有基础上进行有主题的调研活动，邀请政府有关部门领导、专家到会解惑释疑、沟通交流，进行专题讨论，使议政议到点子上，具有了更强的针对性和

2004年9月8日，民建青岛市委举行"议政日"活动

可操作性。二是依靠原有的理论政策研究委员会，把会员中的专家学者组织起来，成立专门的课题组，对一些重点问题进行集中调研。三是组织会员中的人大代表、政协委员深入基层，认真听取意见和建议，及时反映基层群众的呼

声，把"议政日"制度的触角延伸到基层。

三、充分发挥专委会的作用

老龄工作委员会坚持每年走访慰问80周岁及以上的老会员，多次组织老会员外出参观学习，举办各类养生保健知识讲座，受到老会员的热烈欢迎。理论政策研究委员会不断探索新形势下做好议政调研工作的方式方法，充分发挥会内人才的智力优势，围绕青岛市中心工作积极开展调研，成效显著，先后有7篇调研报告被省、市有关部门评为优秀调研文章或优秀提案。经济工作委员会立足发挥民建优势，多次举办专题讲座，组织企业家会员参加民建中央举办的中国非公有制经济发展论坛。妇女工作委员会，从资助"春蕾女童"到送医疗下乡，从组织女会员参加岛城妇女维权到关注外来务工妇女的权益保障，各项活动开展得有声有色，受到省、市妇联的充分肯定，先后2次被评为省先进妇委会，2次被评为市先进妇委会，2006年又被青岛市妇联授予"青岛市三八红旗集体"荣誉称号。

四、奋力抗击"非典"

2002年，"非典"在中国爆发后，民建青岛市委根据上级部署，立即行动起来，向各基层下发了《关于认真做好防治"非典"工作的通知》，并制定了"非典"特殊时期的有关规定和紧急预案，积极采取各种防范措施。

在抗击"非典"的过程中，民建各级组织和广大会员纷纷行动起来，积极建言献策，主动捐款捐物，表现了民建会员战胜"非典"的决心和信心，为维护社会秩序、扎实做好"非典"的防范工作做出了积极贡献。医疗卫生界的民建会员不辞劳苦地坚守在抗击"非典"的一线工作岗位上；民建会员企业青岛天泰集团股份有限公司向广大战斗在抗"非典"一线的白衣战士捐赠了价值6万多元的物品，并向有关部门捐款共计17.5万元；民建会员企业青岛顺安房地产开发有限公司向赴京抗击"非典"的驻青部队捐款18.7万元；民建会员企业青岛中联国际贸易有限公司在"非典"给企业造成近百万元经济损失的情况下，仍然多次捐款达6万元；民建会员企业青岛金楷装饰工程有限公司、青岛怡瑞丰实业有限公司、青岛公泰会计师事务所、青岛华明电子公司等也纷纷捐款。

"非典"期间，会员们还发起了"非典"义卖捐款活动。设计并制作了"非典"爱心纪念章2万枚，并在几天时间内销售一空。2003年6月6日，会员们将义卖收入的87500元和版权捐献给青岛市红十字会，将设计草稿、模具捐献给青岛市博物馆。

据不完全统计，2003年抗击"非典"期间，民建青岛市委机关和广大会员慷慨解囊，共计捐款75.8万元，以实际行动为抗击"非典"贡献力量。因抗击"非典"成绩突出，14名会员荣获民建中央抗击"非典"全国先进会员荣誉称号。

2002年，会员企业发起的抗击"非典"纪念章义卖活动得到社会各界积极响应

五、参与社会公益事业

为积极响应青岛市政府"我为奥运种棵树"的号召，民建青岛市委自2003年开始，先后3次组织机关人员和新会员到即墨市种植"民建会员林"。

为进一步加强对贫困山区失学儿童的关怀，2006年5月，民建青岛市委在即墨市七级镇举行"思源工程"资助"春蕾计划"启动仪式，共捐款6.22万元，资助"春蕾女童"207人次，先后组织会员出资60多万元，捐建了3

2004年5月27日，民建青岛市委捐助七级镇"春蕾计划"启动仪式

所希望小学，得到了社会各界的广泛好评，扩大了民建的社会影响力。

第五节　会务活动

2002年3月29—30日，民建青岛市委举办第九届委员会委员新时期统战理论研讨班，主要以邓小平理论为指导，以中共中央统战部刘延东副部长在民主党派中全会上的讲话和成思危主席在民建七届五中全会闭幕会上的讲话为主要内容，结合学习了统战理论知识、政策和民建会章会史，观看了已故老主委马绪涛同志的纪录片《肝胆相照》。

2002年7月10日，民建山东省委主委墨文川、副主委郭爱玲到民建青岛市委机关视察。11日，民建山东省委原主委徐文园到市委会看望机关同志。

2002年8月5日，民建济南市委主委王可敏带领基层总支主任和机关各处室负责人一行12人到民建青岛市委会机关进行了为期3天的工作交流。民建青岛市委主委顾枫、驻会副主委巩乃炎、副主委亓久平、秘书长林志群及市南、市北、四方总支负责人和机关同志参加座谈交流。

2002年11月，民建青岛市委会召开领导班子、离退休老领导、全体机关干部和各区委的新一届负责人学习贯彻中共十六大精神座谈会，学习讨论了中共十六大报告。11月26日，民建青岛、济南、淄博市委联合举办"丹青颂伟业，喜迎十六大"民建会员书画展。

2003年1月23日，民建青岛市委在八大关宾馆礼堂举行2002年度先进集体、个人表彰暨2003年春节联欢会。200多名会员参加会议。市各对口单位、各区委统战部和会员所在单位党委的领导、市各民主党派和市工商联的领导近30人应邀到会。会议对3个先进集体、17名参政议政先进个人和27名会务工作积极分子进行了表彰。

2003年12月9日，全国人大常委会副委员长、民建中央主席成思危在青出席中国保税区管理与发展研讨会期间，在青岛保税区亲切接见民建青岛市委领导班子成员。山东省人大常委会副主任、民建山东省委主委墨文川接见时在座。

2003年，民建青岛市委组织机关干部赴民建烟台市委，组织部分会员企业家赴张家口，组织区委负责人和妇委会赴民建云南省委、昆明市委学习考察。

接待了民建云南省委、民建邵阳市委、民建长沙市委、民建淄博市委、民建温州市委组织的赴青考察学习。

2004年4月7—10日，民建中央副主席路明率调研组赴青岛就"加强劳动力培训，促进农村劳动力转移"进行调研。9日下午，路明副主席到民建青岛市委机关进行了视察、座谈，并听取了巩乃炎驻会副主委就市委会在参政议政和"围绕中心、服务大局"为经济建设服务等方面的工作汇报。路明副主委对民建青岛市委的工作给予了肯定，并在会后为民建青岛地方组织成立50周年题词："求真务实，再创佳绩。"

2004年6月20—24日，民建中央副主席陈明德、秘书长张皎率领16位在京参加研讨会的来自我国台湾地区的客人赴青岛、烟台、威海等地访问考察。

2004年10月19日，民建青岛地方组织成立50周年大会在八大关宾馆小礼堂举行。民建中央副主席朱相远，省人大常委会副主任、民建山东省委主委墨文川，中共青岛市委副书记张若飞，市人大常委会副主任马伦业，市政府副市长王修林，市政协副主席梁有新，市政协副主席、中共青岛市委统战部部长宋建民，青岛市各民

2004年10月19日，民建青岛地方组织成立50周年大会

主党派、工商联及有关部门的负责同志应邀到会。朱相远、墨文川、张若飞分别讲话。会议还对15个先进集体、50名优秀会员和17名优秀会务工作者进行了表彰。与会人员集体观看了由民建青岛市委制作的专题片《风雨同舟向未来》，并欣赏了由海信交响乐团演奏的精彩文艺节目。在青期间，朱相远副主席还参加了市南区妇女支部、十二支部的活动。

2005年11月10日，中共青岛市委副书记王文华走访民建青岛市委机关。

2005年11月30日，来青参加"发展社区体育，构建社会主义和谐社会"专题研讨会的全国政协副主席、民建中央常务副主席张榕明在八大关宾馆亲切接见了民建青岛市委领导班子，并于12月1日在山东省政协和青岛市政协有关领导的陪同下，专程走访了市委会机关，看望了机关工作人员，并合影留念。

2006年5月11日，中共青岛市委常委、统战部部长张惠走访民建青岛市委机关，与民建青岛市委领导班子进行座谈并合影留念。

第十二章　民建青岛市第十届委员会

（2006年12月至2011年11月）

第一节　民建青岛市第十次代表大会

2006年12月22—23日，中国民主建国会青岛市第十次代表大会在市级机关会议中心召开，共有145名会员代表参加了此次会议。青岛市政协副主席、民建青岛市委主委顾枫致开幕词，并代表民建青岛市第九届委员会做工作报告。报告指出，民建青岛市第九届委员会在中共青岛市委和民建山东省委的领导下，在中共青岛市委统战部的具体指导下，紧密团结、依靠广大会员，以建设适应新世纪要求的参政党为目标，不断加强自身建设，认真履行参政党职能，参政议政的水平和能力得到进一步提高，各项工作取得了可喜成绩。报告同时指出，民建青岛市第九届委员会的工作也存在一些问题，主要是领导班子建设、机关建设、制度建设等方面存在一定的不足，与上级组织和广大会员的期望有一定的差距。关于未来5年的工作，报告建议：以坚持基本政治制度为核心，努力加强思想政治建设；以制度建设为抓手，进一步加强和谐领导集体建设；以提高参政议政能力为重点，切实加强组织建设；以提升执行力为目标，进一步提高参政议政和民主监督的质量和水平；以创新为动力，不断开创社会服务工作和对外联络工作的新局面。会议号召全市各级民建组织和全体会员，更加紧密地团结在以胡锦涛同志为总书记的党中央周围，坚持以邓小平理论和"三个代表"重要思想为指导，全面贯彻落实科学发展观，认真学习贯彻中共十六届六中全会精神，在中共青岛市委和民建山东省委的领导下，认真履行参政党职能，进一步加强自身建设，不断提高参政议政的质量和水平，为把青岛建设成为全国重点中心城市和世界知名特色城市而努力奋斗。

2006年12月，民建青岛市第十次代表大会合影

　　会议审议通过了民建青岛市第九届委员会工作报告和《中国民主建国会青岛市第十次代表大会决议》，选举产生了民建青岛市第十届委员会。新一届委员会选举顾枫为主任委员，于萍、亓久平、王宁为副主任委员，任命董福强为秘书长。

　　会议期间，山东省人大常委会副主任、民建山东省委主委墨文川，中共青岛市委副书记王文华，市委常委、统战部部长张惠，市人大常委会副主任张先平，市政协副主席闵祥超，市政协副主席、市工商联会长张纪良及市委统战部、市各民主党派负责人应邀参加了开幕式。王文华、墨文川分别在开幕式上讲话。张纪良代表市各民主党派、工商联致贺词。大会闭幕时，墨文川、张惠应邀参加了闭幕式，张惠代表中共青岛市委讲话。

　　2007年10月22日，因工作需要，民建青岛市委主委顾枫到市委会机关驻会。11月，民建青岛市委驻会副主委于萍到青岛市人民检察院工作，担任青岛市人民检察院副检察长职务。2010年9月，顾枫主委因病逝世，由副主委于萍主持民建青岛市委的工作。2011年9月，民建青岛市十届六次全委会补选于萍为民建青岛市委主任委员，增补高歌为民建青岛市委委员、常委、副主任委员。

第二节　思想建设

民建青岛市委高度重视思想建设，适时组织对中国共产党和国家重要会议、重要文件和重大理论政策的学习，先后就中共十七大及历次全会精神进行了深入的学习，并专门下发文件予以动员部署。2007年6月29日，民建青岛市

《民建工作信息》

委组织机关全体干部认真学习了胡锦涛总书记在中央党校省部级干部进修班上发表的重要讲话和山东省第九次党代会精神。2007年10月，为了做好思想宣传工作，民建青岛市委网站改版运行；11月，《民建工作信息》创刊。2008年，民建青岛市委会开展了纪念中共中央发布"五一口号"60周年征文活动。结合中国共产党即将成立90周年和新中国即将成立60周年的主题，民建青岛市委开展了一系列爱党爱国教育活动，提高了广大会员对党史的了解、对国情的认知。从2009年2月起，民建青岛市委在全市民建会员范围内开展了深入学习贯彻科学发展观活动，研究制定了具体的实施方案。国际金融危机爆发后，民建青岛市委主要领导与有关专家一起举办讲座，就金融危机的发端走向、后续影响以及国家和青岛市相关的应对措施进行了系统宣讲，受到了大家的欢迎。2010年，根据上级部署安排，在全市民建会员范围内开展了关于社会主义核心价值体系学习教育系列活动，并下发了《民建青岛市委关于开展社会主义核心价值体系学习教育活动的实施意见》。中共十七届六中全会召开以后，民建青岛市委组织机关干部和广大会员深入学习了《中共中央关于深化文化体制改革

推动社会主义文化大发展大繁荣若干重大问题的决定》，并结合青岛文化体制改革、文化事业及文化产业的发展现状进行了认真的讨论交流。

按上级部署，2007—2008年，民建青岛市委在全市民建会员范围内开展了政治交接学习教育活动。民建青岛市委成立了领导小组，制定了实施方案，编印了学习材料，发放了调查问卷，举行了专题征文活动，先后举办了政治交接学习教育活动骨干培训班、基层领导班子成员培训班和第二期骨干会员培训班，并邀请省人大常委会副主任、民建山东省原主委墨文川，民建山东省委主委郝明金与会做辅导讲座。

民建青岛市委先后结合人民政协成立60周年、民建成立65周年和《中国的政党制度》白皮书的发布，在全市广大会员中开展社会主义核心价值体系学习教育活动，重温多党合作制度的发展历程。组织广大会员认真收看电视剧《黄炎培》和《民主之澜》，让会员学习老一辈民主人士的优秀品质。

在树立和践行社会主义核心价值体系活动中，黄岛区基层委员会主委刘常青被民建中央授予全国先进个人称号，市南区基层委员会等2个基层组织被评为全省先进集体，陈天鹏等5名会员被评为全省先进个人。

2011年6月，为庆祝中国共产党成立90周年，民建青岛市委举行了"重温历史　同心同行"庆祝中国共产党成立90周年演讲会和系列图片展。

第三节　组织建设

2007年是青岛市各级民建基层组织的换届年。为此，民建青岛市委制定了《民建青岛市委关于基层组织换届工作的意见》，确定了换届工作的总体方针和思路，并适时召开组织工作会议，具体制定实施细则，规定了工作程序和进度安排。在各区及有关大学统战部的密切配合下，民建青岛市委按照公开、公正、透明的原则，经过基层推荐、民主测评和组织考察，选举产生了新一届基层组织领导班子，顺利地完成了全市6个基层委员会、2个直属支部及53个基层支部的换届工作。

2009年3月17日，民建青岛市委召开深入学习贯彻科学发展观动员大会暨2009年组织工作会议，传达了《民建青岛市委关于进一步加强基层组织建设的实施意见》。各基层委员会、总支、直属支部负责人分别汇报了2008年的工作总结及2009年的工作打算。8月3日，民建青

2009年，民建青岛市委举办"与祖国同呼吸，与民建共奋进"庆祝中华人民共和国成立60周年书画展

岛市委召开基层组织工作会议，各基层组织负责人分别就"学习贯彻科学发展观"活动、"我为国际金融危机影响献一策"活动及"庆祝中华人民共和国成立60周年""庆祝人民政协成立60周年""庆祝中国共产党领导的多党合作和政治协商制度确立60周年"等各项工作及活动的安排、落实情况进行汇报。

基层换届后，为切实解决基层组织没有固定活动场所的问题，民建青岛市委与各基层组织共同努力，协调各方，克服困难，创建基层组织活动室，倾力打造"会员之家"，并于2010年4月17日在民建黄岛区基层委活动室——黄海职业学院召开基层组织活动室现场观摩会，以推动各区基层组织活动室的建立，使基层组织活动逐步走向制度化、程序化、规范化。后6个基层区委会相继建立了标准化活动室。2010年，黄岛区基层委获得全国先进基层组织称号；姜志荣、王金生被民建中央授予全国优秀会员称号；市南区二支部等6个基层组织获得全省先进基层组织称号。

2010年4月，民建青岛市委在黄岛召开基层组织活动室现场观摩会

2011年3月14日，民建青岛市委召开规范化支部建设和会员发展座谈会，民建山东省委副主委于永晖出席会议，并听取了民建青岛市委10个基层组织负责人在规范化支部建设和会员发展中的做法、遇到的问题和建议。7月，民建中央副主席张少琴来青调研时就市委会"会员之家"的创建活动专门做出批示："民建青岛市委打造'会员之家'，为基层组织建设工作做出了有益的探索，成绩显著，值得继续完善和推广。"

自2008年3月始，民建青岛市委成立了法制工作委员会和科教文卫工作委员会，对经济工作委员会、理论政策研究工作委员会、妇女工作委员会、老龄工作委员会进行了换届，确定了全年的重点调研课题并积极开展工作。各专委会在市委会参政议政工作中发挥了越来越重要的作用。

民建青岛市委通过各种方式，着力提高机关工作效能。为创建学习型机关，民建青岛市委制定了《民建青岛市委关于建设学习型机关的实施意见》，鼓励机关干部参加各种业务培训和在职进修，不断提高机关干部素质。确立了"凝心、聚力、建言"的机关文化品牌，提出了机关的核心文化理念、工作理念和机关作风、处室精神，编印了《青岛民建机关文化建设手

民建青岛市委机关文化品牌

册》。先后修订完善了有关机关办公会议、学习、考勤等方面的10余项工作制度，编印了《民建青岛市委机关制度汇编》，并组织学习贯彻。对机关工作流程进行了优化整合，使机关各项工作更加规范、准确。在机关内部实施绩效考核，使每个处室、每个工作人员都能明确任务和要求，提高了机关的执行力。此外，市委会还参加了青岛市民主党派工商联机关建设工作研讨会并作典型发言。

本届市委会共发展会员300人，新会员全部具有大专以上学历，平均年龄为38.8岁。其中，经济界人士有230人，占新会员人数的76.7%。至2011年年底，全市会员总数为1182人，平均年龄为53.6岁。其中，有市人大代表8人、区人大代表7人、省政协委员6人、市政协委员37人、区政协委员69人，另有44名会员被聘为市、区特邀监察员、监督员、检查员等。为进一步规范组织发展工作，先后出台了《会员会费缴纳办法》《会员发展暂行办法》以及《关于进一

步加强基层组织建设的实施意见》等文件。为提高新会员的政治素质和党派意识，民建青岛市委每年举办一期新会员培训班，使会员系统学习有关统战理论、民主党派发展历史和参政议政的方法及途径。为加强会员之间的联系交流，市委会积极创新组织活动方式，努力搭建平台，先后成立了餐饮文化工作组、房产装饰工作组、电子信息工作组、外经工作组。

第四节　履职尽责

一、建言献策，服务发展

民建青岛市委依托理论政策研究工作委员会和其他专门委员会，集聚会内参政议政的骨干会员，先后就养老产业、生物产业、中小企业发展、地下管线管理、县域经济以及"环湾保护、拥湾发展"等主题开展调研，撰写了近20份有分量的调研报告。坚持"议政日"制度，先后举行了17次主题"议政日"活动，邀请政府有关部门领导和会内专家学者齐聚一堂，分别就公共交通发展、简化行政审批手续、加强农民工技能培训、完善社区共有资产管理等进行了深入探讨，撰写上报了10多份《议政简报》。会员中的人大代表、政协委员积极建言献策，共提出建议、提案464件。其中，有组织提案26件、市人大代表建议67件、市政协委员提案371件。《关于加大对工业窑炉节能改造力度的建议》和《关于大力推广应用水煤浆技术的建议》被民建山东省委评选为优秀提案。《关于进一步加强我市地下管线管理案》《关于关爱在押服刑劳教人员未成年子女成长教育案》被市委办公厅、市人大常委会办公厅、市政府办公厅和市政协办公厅联合评为优秀提案。《关于加快我市湿地资源保护和管理的建议》《关于加快推进环湾企业搬迁改造进程的建议》作为专题调研成果向市政府进行了汇报，受到了有关领导的充分肯定。《关于建设集养老与康复保健一体化的养老机构的建议》被青岛市政协作为重点提案，予以专题督办。

民建青岛市委与青岛电视台合作，拍摄了一期以白色污染为主题的《委员论坛》节目，并结合《食品安全法》的实施举办了普法讲座。2006—2011年，市委会组织撰写了11篇理论调研报告，其中《从议政日制度看多党合作事业发展》作为研究成果参加了民建山东省委的理

2008年，民建青岛市委与青岛电视台合拍《委员论坛》

论研讨会，《论民主党派在公共决策中的作用》被青岛市委统战部评为优秀理论调研成果。

根据上级部门的要求和统一部署，民建青岛市委全力抓好信息报送工作，在发动各基层组织和广大会员积极参与的基础上，还动员全体机关干部积极参与信息撰写和报送工作，5年中累计上报各类信息713条。其中，有市民月建议233条、社情民意信息206条，围绕应对金融危机提出建议70条，为"转方式调结构"提出建议121条，在"我为科学发展献计策"活动中提出建议83条。在上报的各类信息中，一些优秀的建议引起了上级部门的关注。其中，《直面惨痛现实、抓好防震减灾》被评为优秀社情民意，《鼓励投资担保公司为出口企业解决融资难的建议》和《金融危机形势判断及投资策略简析》获得优秀成果奖。

二、为奥帆赛献计出力

民建青岛市委积极响应中共青岛市委、市政府的号召，在"全市统一战线与奥帆赛同行"活动中，广泛宣传，积极动员，发出了《为奥帆赛做贡献倡议书》，采取多种形式广泛参与，为奥帆赛的成功举办做出了应有的贡献。

开展调研献计策。民建青岛市委围绕绿色奥运、科技奥运、人文奥运进行认真的调查研究，提出了大力推广清洁汽车、发展太阳能产业、处置小锅炉、工业窑炉改造、推广水煤浆等提案10余件，积极为奥帆赛的赛前准备工作建言献策。2004年，民建青岛市委在青岛市政协十届二次会议上作为组织提案提出

的《关于设立青岛奥帆赛财经监督特别委员会的建议》，受到省、市有关领导的高度重视并被采纳、落实。2007年，民建青岛市委针对奥帆赛期间的安保问题，以议政简报的形式提出的《关于尽快建立和完善奥帆赛文化意识危机应急处理机制的建议》得到了中共青岛市委常委、青岛市副市长、青岛奥帆委常务副主席臧爱民的批示。民建青岛市委在市政协十一届一次会议所做的题为"抓住举办奥帆赛的有利契机，着力规范和加强城市地下管线管理工作"的大会发言，被列为全市11件重点提案由政协主席带队进行督办。

民建青岛市委组织广大会员积极为奥帆赛建言献策。自2004年青岛市开展"市民月"活动开始到2008年止，民建青岛市委及广大会员共提出建议600余条。其中，《关于大力推广太阳能路灯的建议》被评为优秀市民建议二等奖；《以迎办奥运帆船比赛为契机加强无障

2007年8月7日，民建青岛市委组织会员参加民主党派百名书画家迎奥帆书画捐赠仪式

碍设施建设与管理》等5项建议被评为优秀市民建议三等奖。青大总支在"当好东道主的N个文明细节"建议征集活动中荣获一等奖。

发挥优势做贡献。会员企业天泰集团出资500万元赞助青岛鹰铃帆船队、青岛美宝装饰艺术有限公司出资80万元装修奥帆筹备工作展厅，被第29届北京奥林匹克运动会组委会帆船委员会（青岛）（简称"奥帆委"）授予"奥帆展馆建设突出贡献奖"；青岛金楷装饰工程有限公司出资50万元装修青岛奥帆博物馆，被奥帆委授予"突出贡献奖"，王金生成为青岛市唯一的民主党派奥运火炬手；会员企业青岛晓阳春工贸有限公司竞标成为2008年北京奥运会青岛奥帆赛唯一茶艺服务商，被中共青岛市委统战部授予"统一战线与奥帆同行"活动银奖；会员企业青岛贝雕工艺品厂为奥帆委制作大型贝雕工艺品《帆船之都》，被奥帆委授予"奥帆赛筹备工作展厅筹建贡献单位"；会员企业青岛高科园金海实业有限公司经奥帆授权，为奥帆赛设计制作了富有青岛特色和奥运特色的"印象青岛"工艺品；会员企业青岛怡瑞丰实业有限公司、琴岛会计师

事务所、青岛金前程人力资源顾问有限公司等也发挥自身优势，积极为奥帆赛做贡献。此外，会员谭大珂参与主持了北京第29届奥林匹克运动会帆船比赛的火炬景观总体设计；会员杨乃瑞、宋文京经有关部门考察推荐，在青岛奥运村为国外体育官员、记者演示、讲解中国书画艺术，让他们亲自体验、感受中国传统文化的艺术魅力。民建青岛市委还组织会内岛城著名书画家参加了"青岛市各民主党派百名书画家迎奥运书画捐赠活动"。

助力一线清浒苔。2008年7月，在奥帆赛即将开幕之际，青岛近海海域出现大面积浒苔。为保障奥帆赛的顺利进行，民建会员及会员企业纷纷伸出援助之手，加入打捞清理浒苔的战斗中。例如，发起"清浒苔——我为奥运做贡献"活动，为清理浒苔的部队官兵提供了价值

2008年7月，民建青岛市委主委顾枫到清理浒苔一线看望人民子弟兵

6万元的崂山茶、奶、矿泉水等物品；克服重重困难，将浒苔做成了奥运纪念品，以铭记青岛市社会各界人士抗击浒苔的历史，受到奥运官员、运动员以及各级领导的称赞。

三、参与抗震救灾

2008年5月12日四川汶川遭受特大地震灾害后，民建青岛市委迅速行动起来，向全市各级基层组织和广大会员发出支援抗震救灾、向灾区捐款的通知。据不完全统计，地震发生后不到一个月，广大民建会员通过民建青岛市委渠道捐款（物）11.35万元，通过其他渠道捐款（物）近300万元，为灾区的重建工作做出了积极贡献。

在积极捐款、捐物的同时，文化艺术界会员也各尽所能，发挥特长和优势，以自己的特有方式抗震救灾。如创作书画作品，积极参加抗震救灾义卖活动；为抗震救灾创作歌曲并被广泛传唱。张建华、宋文京、谭大珂、刘卫华四名奋战在四川抗震救灾一线的会员，被民建中央评为抗震救灾先进个人，元久

平等21人被民建山东省委授予抗震救灾先进个人。

民建青岛市委在发动广大会员积极捐款的同时，在认真地调查研究后，提出了《关于加强我市防震抗震工作的建议》，以议政简报的形式报有关领导参阅。建议很快得到了落实，山东省政协、青岛市政协予以采用，省政协领导还做了批示，并上报全国政协。

2010年，我国西南地区旱灾和青海玉树地震发生以后，在民建青岛市委的统一组织下，会员捐款12万元用于灾民的救助。

四、捐资助学，扶危济困

5年中，民建青岛市委积极组织和发动广大会员，依托"思源工程""希望工程""春蕾计划"等平台，多形式、多层次地服务社会。自2007年以来，民建青岛市委组织会员为"思源工程""春蕾计划""希

民建青岛市委开展"春蕾计划"系列活动

望工程""温暖工程"捐款达120.69万元。其中，会员刘常青与贵州省毕节试验区达成联合办学协议，免费接收该地区的200多名贫困生，并向中华职业教育社"温暖工程"捐款100万元，荣获黄炎培杰出校长奖。崂山区基层委与崂山区凤凰台小学确立了共建关系，在学校建立了民建同心书屋，每年资助学校1万元，用于更新图书和相关设施。妇女工作委员会一直倾心帮扶即墨市七级镇小学，先后资助了260多名家庭贫困的女童；与市妇联等单位联合举办"关爱贫困母亲健康与幸福"系列公益活动，并专门成立了一支由35人组成的妇女志愿者队伍；与城阳区妇联共同举办了"为了姐妹们的健康与权益"活动，把健康和法律送进工厂，送到女工手中。科教文卫工作委员会组织会内医疗专家到平度市南村镇，为24位贫困母亲进行免费身体检查。为解决大学生就业难问题，经济工作委员会与市人才市场等单位联合组织了两次专场招聘活动。由于在社会服务方面成绩突出，民建青岛市委被授予实施"春蕾计划"突出贡献

奖，民建青岛市委妇女工作委员会被青岛市妇联、市文明办、青岛日报报业集团、青岛市广播电视局联合评为首届支持妇女儿童事业十大"公益之星"。2010年7月8日，全国人大常委会副委员长、民建中央主席陈昌智对民建青岛市委捐助"春蕾计划"的工作给予了充分肯定，并做出批示："民建青岛市委参与实施'春蕾计划'，坚持7年，成效明显，值得表彰。望今后拓宽社会服务渠道，把工作做得更好。"

第五节　会务活动

2007年2月2日，民建青岛市委在丽晶大酒店举行新春联欢会，青岛市委统战部和市各民主党派、工商联的有关领导，民建青岛市委往届老领导以及广大会员共300多人参加了联欢会。青岛市政协副主席、民建青岛市委主委顾枫在联欢会上致辞。

2007年4月10日，民建青岛市委召开十届二次常委会，讨论通过了《民建青岛市委关于基层组织换届工作意见》。

2007年7月24日，民建青岛市委举行庆祝中国人民解放军建军80周年慰问演出，与中国人民解放军92664部队的全体指战员共庆节日。

2007年7月26—27日，全国人大常委会常委、农业与农村委员会副主任、民建中央副主席路明，民建中央副主席马培华带队就"大力发展县域经济，实现城乡协调发展"专题到青岛考察调研。27日上午，路明副主席率调研组到民建青岛市委机关视察并看望了机关同志，听取了市委会机关的情况汇报。视察工作结束后，路明副主席、马培华副主席与市委会机关工作人员合影留念。

2007年9月27—28日，民建青岛市委基层领导班子成员培训班举行。民建中央委员、民建山东省委主委、山东省高级人民法院副院长郝明金，民建山东省委秘书长李旭茂，青岛市政协副主席、民建青岛市委主委顾枫，中共青岛市委统战部常务副部长胡义瑛，民建青岛市委驻会副主委于萍、副主委亓久平、秘书长董福强及各基层组织领导班子成员共50余人参加培训。会议传达了政治交接学习教育活动的有关文件精神，郝明金做了关于政治交接学习教育活动的辅导报告。

2008年1月29日，民建青岛市委在青岛音乐厅举行2008年新春联欢会。

2008年2月13日，中共青岛市委常委、统战部部长臧爱民走访民建青岛市委机关，看望机关全体同志。

2008年4月11日，民建山东省委副主委王福泰率调研组就基层组织建设情况来青岛市调研。

2008年7月11日，全国人大常委会副委员长、民建中央主席陈昌智到民建青岛市委机关视察并看望机关同志。青岛市政协副主席、民建青岛市委主委顾枫向陈昌智主席汇报了市委会在机关建设、基层组织建设、政治交接学习教育活动以及在"统一战线与奥帆同行"、抗震救灾等方面所做的工作。陈昌智主席对市委会的工作表示了肯定。视察结束后，陈昌智主席与市委会机关工作人员合影留念。

2008年12月17日，民建青岛市委纪念改革开放30周年暨2009年新年联欢会在青岛黄海饭店会议中心举行。中共青岛市委统战部和市各民主党派、工商联的领导，民建青岛市委往届老领导以及会员300余人参加了联欢会。此次联欢会由民建市直单位总支承办。

2008年，民建天津市委、民建合肥市委、民建武汉市委分别来青考察调研。民建青岛市委接待来访客人，并与客人进行了座谈交流。

2009年1月5日，中共山东省委常委、青岛市委书记阎启俊等领导来到民建青岛市委机关，亲切看望了机关工作人员。

2009年2月28日至3月1日，民建山东省委"庆三八、促发展、展风采"活动在青岛市党派机关四楼礼堂举行。活动展示了山东民建巾帼建功成果，举办了妇女发展论坛，交流了山东民建各级组织开展妇女工作的经验。

2009年5月26日，民建贵州省委、民建云南省委、民建桂林市委来青调研，并就机关建设情况等与民建青岛市委进行了座谈。

2009年9月4—6日，民建青岛市委副主委亓久平带领部分会员企业家，参加了由民建中央、工业和信息化部、辽宁省人民政府共同主办的"2009中国（辽宁）非公有制经济发展论坛"。本次论坛的主题是非公有制经济发展和应对金融危机。

2009年9月，青岛市政协副主席、民建青岛市委主委顾枫，秘书长董福强带领部分基层组织负责人到省内兄弟地市（潍坊、淄博、东营）民建市委进行了学习交流。

2009年10月，青岛市政协副主席、民建青岛市委主委顾枫带领部分会员企业家赴四川绵阳看望在北川援建的民建会员张建华，并对当地的投资环境进行了考察。

2009年，结合深入学习贯彻科学发展观和庆祝三个"60周年"，民建青岛市委先后开展了系列征文活动，举办了庆祝中华人民共和国成立60周年茶话会、老领导老会员座谈会和以"与祖国同呼吸，与民建共奋进"为主题的书画展；组织会员成立合唱团，参加了青岛市政协组织的庆祝人民政协成立60周年文艺演出和全市统一战线庆祝中华人民共和国成立60周年文艺演出。

2010年9月23日，青岛市政协副主席、民建山东省委副主委、民建青岛市委主委顾枫同志，因病医治无效，在青岛逝世，享年55岁。顾枫同志遗体告别仪式于9月27日上午在市殡仪馆举行。

2010年，民建河北省委调研组、民建青海省委到民建青岛市委机关进行了座谈。

2011年4月9—12日，民建中央原副主席陈明德一行来青考察，听取了会员企业关于企业发展情况的汇报。

第十三章 民建青岛市第十一届委员会

（2011年11月至2017年1月）

第一节 民建青岛市第十一次代表大会

2011年11月15—16日，中国民主建国会青岛市第十一次代表大会在府新大厦召开，169名会员代表参加会议。民建山东省委主委郭爱玲出席了开幕式。中共青岛市委常委、市委统战部部长臧爱民应邀到会并讲话。青岛市政协副主席、民进青岛市委主委方漪代表各民主党派、工商联致贺词。青岛市人大常委会副主任徐航，青岛市副市长王广正，青岛市政协副主席郄晋生及青岛市各民主党派、工商联有关领导应邀到会。会议由民建青岛市委副主委亓久平主持。民建青岛市委主委于萍致开幕词并代表民建青岛市第十届委员会做了工作报告。报告指出，民建青岛市第十届委员会在民建山东省委和中共青岛市委的领导下，在中共青岛市委统战部的具体指导下，高举中国特色社会主义伟大旗帜，坚持以邓小平理论和"三个代表"重要思想为指导，深入贯彻落实科学发展观，紧密团结依靠广大会员，以建设适应新形势要求的参政党为目标，不断加强自身建设，认真履行参政党职能，各项工作取得了较为突出的成绩，为青岛市经济社会发展做出了积极贡献。报告同时指出，民建青岛市第十届委员会的工作也存在一些问题，主要是领导班子建设、后备干部队伍建设和机关建设等方面存在一定的不足。关于未来5年的工作，报告建议，着力加强宣传教育，提升全会的思想政治水平和政治把握能力；着力抓好组织建设，为会的事业发展提供坚强的组织保障；着力提高参政能力，全方位地履行好参政议政职能；着力倡导奉献精神，始终不移地践行服务社会的宗旨；着力转变工作作风，加强机关的规范化建设。会议号召全市各级民建组织和全体会员，更加紧密地团结在以胡锦涛同志为总书记的党中央周围，进一步继承和发扬本会的优良传统，按照建设适应新形势要求的参政党为目标，继续扎实工作、开拓创新、与时俱进，为把青岛市建设成为宜居幸福的现代化国际城市做出更大贡献，以实际行动迎接中国共产党第十八次全国代表大会的胜利召开。

2011年11月，民建青岛市第十一次代表大会合影

大会审议通过了民建青岛市第十届委员会工作报告和《中国民主建国会青岛市第十一次代表大会决议》，选举产生了民建青岛市第十一届委员会。新一届委员会选举于萍为主任委员，王继尚、高歌、姜志荣、李江为副主任委员，任命陈成意为秘书长。

大会开幕式上，郭爱玲代表民建山东省委讲话。郭爱玲指出，新形势、新任务对参政党全面履行好职能提出了更高的要求，希望即将产生的新一届领导集体继续担负起全市广大民建会员的重托，进一步发扬民建的优良传统，自觉接受中共青岛市委的领导，在中共青岛市委统战部的具体指导下，继续带领全市广大民建会员奋发进取、开拓创新，为青岛市经济社会发展和"十二五"规划的顺利实施做出积极的努力。

大会闭幕式上，郭爱玲代表民建山东省委对大会的成功召开和新当选的民建青岛市第十一届委员会成员表示热烈的祝贺，希望民建青岛市委进一步增强政治信念，巩固会的思想基础；大力推进政治交接，努力建设坚强的领导集体；发挥民建的特色和优势，积极履行好参政党的各项职能；全面加强自身建设，创建适应新形势要求的参政党。

第二节　思想建设

一、开展学习践行社会主义核心价值体系活动

民建青岛市委深入贯彻民建山东省委和中共青岛市委统战部关于学习践行社会主义核心价值体系活动的通知精神，通过成立理论学习中心组、开设专题专栏、开展"解放思想、创新发展"大讨论、参加全省统一战线学习贯

2012年11月，民建青岛市委召开学习中共十八大精神座谈会

彻中共十八大精神知识竞赛、举行征文活动等多种形式，教育引导各级干部和广大会员深刻领会"同心"思想内涵，积极投身"同心"社会实践，自觉地以社会主义核心价值体系规范自己的行为，始终与中国共产党在思想上同心同德、在目标上同心同向、在行动上同心同行。2012年是新一届民建青岛市委会的开局之年，要把践行"同心"思想作为开展工作、深化政治交接的重要指导。2013年，民建青岛市委开展了纪念"五一口

2014年12月9日，民建青岛地方组织成立六十周年纪念大会召开

号"发布65周年主题征文等一系列活动。

二、开展坚持和发展中国特色社会主义学习实践活动

自2013年起，民建中央着眼于多党合作事业与自身事业长远发展，在全会深入开展坚持和发展中国特色社会主义学习实践活动。民建青岛市委制定并下发了《关于开展坚持和发展中国特色社会主义学习实践活动的实施方案》，并通过开展主题征文、开设宣传专栏、举办辅导讲座、组织赴重庆开展会史传统教育、参加知识竞赛和演讲比赛等活动，掀起了广泛深入开展学习实践活动的热潮。2015年，结合民建成立70周年，民建青岛市委开展了"读会史颂伟业，学会章树新风"和"同心·我为祖国抒怀、我为青岛放歌"主题征文活动，各有10余篇优秀征文被上级采用；与民建安顺市委联合举办了"话传统、忆会史、谋发展"座谈会。成思危同志逝世以后，组织广大会员认真学习成思危同志的先进事迹和崇高风范，通过追思缅怀成思危同志，进一步继承和发扬会的优良传统。2016年，民建青岛市委参加中共青岛市委统战部举办的学习实践活动中期推进会并作交流发言，总结学习实践活动经验和成果。专门下发了《关于学习贯彻习总书记在全国政协民建工商联委员联组会上重要讲话精神的贯彻实施意见》，组织全体会员学习讲话精神。组织会员参加全市统一战线庆祝中国共产党成立95周年文艺汇演，开展纪念民建省级组织成立60周年主题征文活动。这些活动的开展，增强了广大会员对中国特色社会主义的道路自信、理论自信、制度自信和文化自信，强化了会员的政治意识、大局意识、核心意识、看齐意识，为建言履职和建功立业提供了思想保障。

三、编辑出版《青岛民建六十年》

在长期的建设和发展历程中，老一辈民建会员形成了优良的传统和作风。2012年始，民建青岛市委全面启动青岛民建史的编纂工作，成立编委会并组成了专门的编辑队伍，首次系统收集和整理青岛民建地方组织成立以来的珍贵史料，组织编纂青岛民建史。经过两年的广泛征集、精心编撰，2014年，在民建青岛地方组织成立60周年之际，《青岛民建六十年》出版。

同时，民建青岛市委还汇总整理了1989年以来的优秀参政议政成果，出版了

《参政议政成果选编》；制作了《与时代同行》宣传片，为深入开展优良传统教育提供了生动材料；组织召开"忆会史、弘传统、谈未来"座谈会，各基层组织积极开展重温历史、弘扬传统活动，缅怀前辈光辉业绩，弘扬崇高风范。

通过收集会员"亲身经历、亲眼所见、亲耳所听"、具有史料价值的信

《青岛民建六十年》和《青岛民建参政议政成果选编（1989—2014年）》

息，梳理青岛民建会务发展和履职尽责情况以及会员的优秀事迹，民建青岛市委在会员中切实开展会章、会史和会的优良传统教育。

四、积极做好新闻宣传

民建青岛市委充分发挥市委会网站和《青岛民建》会刊的宣传平台和阵地作用，加强舆论宣传和对会员的思想引导，凝聚会员的思想共识，努力画出最大的同心圆。2013年，加强对会刊编辑队伍和宣传骨干力量的培训，举办支部主委暨通讯员信息员培训班，优化升级民建青岛市委网站，重新改版设计会刊《青岛民建》，及时传递工作信息，宣传报道会内重大活动和会员中的先进人物、优秀事迹，增强了思想宣传工作的时效性和针对性。5年中，共编印《青岛民建》会刊28期，《民建工作信息》54期；先后在《人民政协报》《民讯》《联合日报》《青岛日报》、民建中央网站、青岛电视台等媒体发表新闻稿件771篇。民建青岛市委连续多年被民建山东省委评为宣传工作突出先进单位，2014年，民建青岛市委宣传工作在全省各地市民建排名中跃至首位。

五、探索、推进理论研究

民建青岛市委组织会内专家围绕参政党建设、参政党履职如何突出特色、民建如何在中国共产党领导的政治协商中发挥作用、民主党派如何履行民主监督职能、统一战线智库建设、新生代民营企业家代表人士队伍建设等进行研

究，多篇成果在青岛市统一战线和民建山东省委理论研究成果评选中获奖。2013年和2014年，民建青岛大学总支连续两年组织举办"协商民主与参政党建设"理论研讨会，邀请相关领导和专家、学者参与并做主题发言。

第三节　组织建设

一、加强领导班子建设

民建青岛市委领导班子不断完善并严格遵守各项规章制度，坚持民主集中制原则，着力加强自身建设，通过参加民主党派和工商联班子成员暑期读书班、民主党派和工商联班子成员季度集中学习、全省民主党派领导干部进修班等形式，不断学习提高，使领导集体决策

2013年12月24日，民建青岛市委领导班子召开民主生活会

更加民主科学、务实高效。制定实施领导班子成员联系基层制度，每年制订走访计划，深入基层了解工作中存在的问题和困难，倾听民意，凝聚人心，积聚力量。开展常委向全委会述职活动，通过召开民主生活会、"四风"对照检查会、领导班子述职评议会，提高班子成员的合作共事能力和解决自身问题的能力。在中国民主建国会山东省第八次代表大会上，亓久平、于萍当选为民建山东省委副主任委员，王继尚当选为常务委员，高歌、陈成意、王宁、林志群等当选为委员。

二、完善基层组织管理机制

民建青岛市委创新组织管理机制，推进组织发展制度化、规范化，5年中，先后研究出台《基层组织工作管理办法》《先进支部评选办法》《关于专委会、支部试点执行主任委员轮值制的暂行办法》《关于基层组织换届工作的意见》和《会员发展和培训制度》等，为基层组织健康发展提供制度保障。完善会员信息管理系统，探索对失联和长期不参加活动会员的管理机制。认真贯彻落实民建中央和省基层组织建设会议精神，学习借鉴先进省市的好经验、好做法，并结合青岛民建实际进行创新，取得显著成效。

三、优化发展会员队伍

民建青岛市委按照注重质量、保持特色的原则，积极稳妥做好会员发展工作，特别是做好高层次有代表性和有影响力的经济界人士的发展引进工作。通过驻会副主委与预备会员谈话，举办预备会员座谈会、预备会员培训班等规范入会的要求和会员的发展程序，严把会员入口关。建立后备干部数据库，对会员进行分类统计。对后备干部队伍采用多种形式进行培训和岗位锻炼，先后推荐6名会员到政府部门挂职锻炼，1名被留任。推荐近十名同志担任有关单位监督员，推荐29名正高级职称会员作为市委统战部智库成员。5名会员参加了民建中央基层组织主委培训班，32名会员参加了民建山东省委骨干会员培训班，30名会员参加了中共青岛市委统战部组织的骨干培训班。5年中，共发展会员465名，新会员平均年龄39.6岁。其中，有大学以上学历的为376人，占新会员总数的80.9%；有中级以上职称的为80人，占新会员总数的17.2%；经济界人士有387人，占新会员总数的83.2%。截至2016年12月，全市共有会员1563人，会员年龄结构和整体素质进一步优化。会员中有省人大代表1人、省政协委员5人，市人大代表11人、市政协委员39人，区（市）人大代表20人、区政协委员107人。在政府部门担任处级以上职务的有37人，担任各级特邀（约）职务的有11人。

四、稳步推进基层组织建设

2012年12月，民建青岛市委换届工作领导小组和各基层组织换届工作小组共同努力，顺利完成了全市区基层委员会、总支部委员会、直属支部及各基层下属支部的换届工作。为了便于没有设立基层组织而会员较为集中的地域能够组织会员就地开展活动，机关二支部（胶南支部）于2011年12月成立，机关三支部（即墨支部）于2012年11月成立。2012年12月，根据全市行政区划统一调整，机关二支部（胶南支部）并入原黄岛区基层委员会成立了新的黄岛区基层委员会，原四方区基层委员会和原市北区基层委员会合并成立了新的市北区基层委员会。2015年12月，中国石油大学（华东）支部委员会成立。2016年8月，民建青岛市平度支部委员会成立。

五、成立会内监督工作小组

民建青岛市委于2013年被民建中央批准成为市级组织开展会内监督的试点，12月6日，民建青岛市委会内监督工作小组成立。监督小组成立之后，陆续建立了《会内监督办法（试行）》《监督工作小组工作规则》等制度，与长春、成都等地民建就监督工作进行了经验学习和交流，对班子成员贯彻民主集中制、执行工作制度以及会内决议和决定的情况进行了监督。受理会员来信来访，对于会员反映的有关党派活动和个人发展等方面的情况和问题予以积极沟通和解决。

2016年8月23日，民建青岛市平度支部委员会成立

六、调整充实专门委员会

民建青岛市委制定了《关于加强专门委员会工作的意见》，调整充实了专委会的机构设置，将原来的6个专委会调整为理论委员会、经济委员会、企业委员会、科教委员会、法制委员会、妇女委员会、文化委员会、老龄委员会8个专委会，并明确了各个专门委员会的定位、职能和任务，每年对专委会人员进行及时补充和调整。在参政议政中，充分发挥专委会的排头兵作用，让每个

专委会每年都有明确具体的调研任务，让每一个成员都有畅通的渠道及时表达自己的观点和意见。

七、成立民建中央画院青岛分院

2013年11月7日，民建中央画院青岛分院获得民建中央批复并成立，这是山东省第一个获得民建中央批复同意成立的民建中央画院分院。民建中央画院青岛分院由艺术委员会和鉴藏委员会组成，成立时共有46名委员。自成立以来，青岛分院发挥自身优势，通过举办书

2013年11月7日，民建中央画院青岛分院成立

画笔会、编刊画册、创作书画作品等形式进行文化交流传播和提高会员的文化鉴赏水平。同时，青岛分院还积极服务社会、参政议政、建言献策，取得良好的社会反响。

第四节　参政议政

民建青岛市委关注国家和青岛市经济社会发展中的重点、热点和难点问题，围绕政府的中心工作开展调研，切实履行参政议政职能。组织基层组织和会员通过深入调查研究，先后形成了一批有价值、有影响力的参政议政成果，为青岛市委市政府科学决策提供了重要参考、为推动地方经济和社会发展做出了应有的贡献。

一、健全完善参政议政制度

本着结合实际、简明有序、易于操作、注重实效的原则，民建青岛市委不断推进参政议政工作的制度化、规范化和程序化，先后出台了《课题调研工作考核奖励办法》《调研经费管理使用办法》《社情民意信息考核奖励办法》，并根据政策形势和工作实际变化不断调整完善。将基层组织参政议政工作进行指标量化，并作为各类考核和评选的重要指标，不断激励会员积极参与，增强基层组织和会员参政议政的自觉性和主动性，多出高水平参政议政成果。

二、选拔培养参政议政人才

加强会员入会前的参政议政能力考察，优先发展参政议政能力强的人才入会，对他们交任务、压担子，进行有针对性的培养，让他们在实践中锻炼提高；对会内的高层次人才进行走访交流，并根据他们的专长和工作需要共同拟定参政议政题目；加强培训，深入挖潜，充分

2012年3月23日，民建界别市政协委员实地调研就医患者停车难

利用会外专家智库的咨询作用，每年举办参政议政工作业务培训班，邀请专家、安排业务处室进行辅导，为会员提供指导帮助；把以往的参政议政典型案例、提案议案和社情民意信息编印成册，供基层组织和会员参考学习，提高广大会员的参政议政能力；选拔、培养年富力强、素质突出、热心会务的会员充实参政议政队伍。

三、强化课题调研流程管理

民建青岛市委结合地方经济社会发展的实际，选择参政议政方向和调研课题。全面落实民建中央和省委的调研计划要求，综合考虑青岛市政协、市委统战

部和对口联系单位的工作重点，突出党派联系经济界的特点，贴近政府关注的热点、难点问题，找准切入点，把握落脚点，抓好课题筛选。

在课题调研过程中，针对影响课题质量的症结和薄弱环节，着力规范调研流程，扎实开展调查研究，提高调研报告的针对性和实效性。加强过程控制，根据时间节点掌控工作进度，确保课题按期进展。加强质量控制，充分征求各方面意见并反复修改，确保调研课题的质量。

四、抓好调研成果转化落地

换届以后，民建青岛市委立足于发挥民建密切联系经济界的优势，围绕小微企业发展、新机场建设、蓝色人才引进、"三创"战略实施、科技创新平台建设等课题，进行深入调查研究，形成了90余篇有价值、有影响力的调研成果，有10余篇被民建山东省委采用作为组织提案，关于青岛市"十三五"规划编制等提出的多条建议被党政部门采纳。在青岛市人大和市政协全会上，共提交组织提案、代表建议和委员提案等340件，有20余篇获得表彰。向各级部门提交社情民意信息530篇，其中，1篇被中央统战部采用，1篇被全国政协采用，2篇获得青岛市政府领导批示。2015年9月，民建青岛市委被民建中央表彰为参政议政全国先进集体，并在民建中央参政议政工作会议上做了大会发言。在民建山东省委会、青岛市政协、中共青岛市委统战部组织的评比表彰中，民建青岛市委每年都被评为参政议政先进集体，有10余项参政议政成果获奖。在推动地方立法方面，民建青岛市委连续多年跟踪调研和持续呼吁，积极促进了地方立法《山东省海洋生态补偿管理办法》《青岛市胶州湾保护条例》《青岛市职业教育管理条例》和地方政府规章《青岛市促进大型科学仪器共享管理办法》的出台。

五、提升"议政日"制度的层次和质量

民建青岛市委对"议政日"的内容和形式进行了调整和改进，使其内容更贴近实际、贴近基层群众、贴近社会热点难点问题，议政的层次和质量进一步提高。2012年，民建青岛市委以"青岛市蓝色高端人才的培养、引进、使用"为主题，围绕提高政策知晓率举行"议政日"活动。2013年，围绕"民间资本与城镇化"和"科技创新平台建设"进行专题座谈。2014年，围绕"推动本

土企业走出去和国企改革""进一步完善国资监管体制"两个主题举行"议政日"活动。2015年，专题讨论科技创新平台建设。2016年，专题建言"推进供给侧结构性改革，加快青岛民营经济发展"。

六、助推青岛市创建金融综合改革示范区

在青岛市申报创建试验区过程中，民建青岛市委认真做好前期调研，积极协调民建中央给予了大力支持和积极推动。2013年6月，民建十届三次中常会在青岛召开期间，全国人大常委会副委员长、民建中央主席陈昌智，全国政协副主席、民建中央

2013年6月15日，民建中央在青召开金融综合改革调研座谈会

常务副主席马培华，民建中央副主席宋海及相关专家就青岛市创建金融综合改革示范区与青岛市委市政府主要领导进行了专题座谈。民建中央领导就青岛申报和建设金融综合改革示范区提出的专业性、指导性意见，在会后以民建中央调研报告的形式提报国务院并获得批示。2014年2月，青岛市以财富管理为特色的金融综合改革试验区获批。

第五节　社会服务

民建青岛市委积极探索社会服务新途径，不断扩大民建的社会影响力，于2016年9月被民建中央评为社会服务工作先进集体。

一、创办创业企业沙龙活动

秉承民建中央倡导的"思源"理念，民建青岛市委以"推动创业成长、履行社会责任"为主题，于2014年3月26日正式启动青岛民建创业企业沙龙。沙龙以学习、互助、分享、成长为宗旨，以民建创业企业会员为主体，并邀请部分政府官员、

2014年3月26日，青岛民建创业企业沙龙启动

专家学者和创业者参与。沙龙活动以会员企业业务为主题，包括分享创业经历和商业模式、探讨企业创业成长中的问题和解决方案、推介企业业务等内容。截至2016年年底共举办创业企业沙龙14期，分别围绕企业转型升级、创新发展、"走出去"和"一带一路"等主题开展活动，参与会员320余人次，在交流过程中产生的有价值的观点和素材，被民建青岛市委整理成多篇参政议政成果。作为民建青岛市委会的社会服务工作品牌，创业企业沙龙的做法在青岛市统一战线"学理论，话传统，比贡献"阶段性成果经验交流会上被作为典型进行了介绍，分别于2015年和2016年得到民建中央副主席辜胜阻，全国政协副主席、民建中央常务副主席马培华的肯定和批示。马培华副主席在批示中说："民建青岛市委举办创业企业沙龙是积极履行社会服务职能的一项创新工作，也为推进'大众创业、万众创新'贡献了力量。希望总结经验，创新方式，提升成效，做出新成绩。"

二、扎实做好精准扶贫项目

根据不同时期的社会服务工作重点和任务，民建青岛市委组织全市各基层组织和会员合力攻坚，开展并完成了一系列精准扶贫工作和项目。

在农业扶贫方面，民建青岛市委组织会员捐资为胶州市洋河镇同心社会服务基地铺设水泥路，为平度市南村镇万家庄村建设文化广场、文化墙；组织会

员企业为同心社会服务基地即墨市王村镇黑石庄村新型社区服务中心免费进行建筑设计；帮扶即墨市级贫困镇段泊岚镇的特色小镇建设，助推贫困村精准脱贫；帮助会员企业在平度市名村镇和黄岛区中山前村建设现代农业基地，有效地带动了周边村民致富脱贫。

2012年，民建青岛市委组织会员企业到同心社会服务基地考察

2016年8月23日，民建青岛市委组织会员到平度市西万家村进行精准扶贫

在智力扶贫方面，民建会员依托大学生创投基地，通过项目扶持、资金帮扶等多种方式支持贫困大学生创业，通过开展农民工职业培训，帮助贫困村村民掌握职业技能。民建青岛农业大学支部发挥专业优势为涉农企业和农户提供技术指导、专业培训和咨询服务，并组织专家到城阳区惜福镇棉花村指导和讲课，帮助棉农致富。

在教育扶贫方面，民建青岛市委组织会员连续多年定点在即墨市七级镇开展"春蕾计划"，累计捐款20余万元，资助"春蕾女童"747人次。民建李沧区基层委发起"思源·助学圆梦"活动，并于2015年在李沧区湘潭路小学建立首个"思源·助学圆梦"社会服务基地。民建崂山区基层委举办"丹心助栋梁　共筑中国梦"系列活动和"亮眼行动　点亮前程"公益活动，提供就业岗位300余个。此外，会员还联合社会力量发起成立"弘毅助学基金""孔子故里助学情""金种子计划""快乐小蜜蜂"等助学助残品牌。5年中，全市广大会员通过各种途径向各类慈善基金捐款共计406.42万元。

在对口帮扶贵州安顺工作中，民建青岛市委与民建安顺市委签署对口合作协议书，推动会员企业与当地政签订了水处理合作项目框架协议书，并实现项目落地建设和运营。2015年6月，民建青岛市委向安顺市平坝区九甲中心小学、新寨小学和普定县杨柳希望小学捐赠校服875套和爱心午餐款现金3万元。

民建青岛市委还积极发挥会内法律、医疗等方面的资源优势开展帮扶活动。组建若干法律服务小组，针对省定贫困村开展普法宣传和法律服务；定期给省定贫困村村民进行体检，为贫困村村民进行

2015年6月25日，民建青岛市委赴安顺开展"同心行"爱心捐赠活动

健康讲座，开展现场义诊；为贫困村改建日间照料中心等。2013年4月20日，四川省雅安地区发生地震灾情后，广大民建会员积极奉献爱心向雅安灾区共捐款16.88万元。

第六节　机关建设

民建青岛市委不断规范和加强机关建设，调整和明确各部门职责分工，营造团结向上的机关氛围，努力提高工作效率和服务质量，为开展各项工作和活动提供了有力保障。

一、干部队伍健康发展

民建青岛市委组织机关干部定期进行理论学习，学习中共十八大精神，十八届二中、三中、四中、五中、六中全会精神，全国、省、市两会精神，参加"两学一做"专题教育活动，参加同心大讲堂等专题讲座，提高干部队伍政治素质。组织参加各部门举办的机关干部培训班、信息员培训班、对口联系培训班、理论调研、宣传培训班及网络干部学院学习，增强干部队伍的业务

能力。组织全体机关干部参观职务犯罪预防警示教育基地，提高干部队伍的廉洁意识。晋升1名副局级及2名副处级机关干部，从基层遴选了2名年轻干部，选派1名干部到平度西万家村挂职第一书记，干部队伍的梯队建设更趋合理。

民建青岛市委召开机关全体会议

以创建学习型机关为抓手，建立机关学习轮流主讲制度，把平时自学和每月集中交流学习相结合，市委会领导班子带头主讲。积极组织机关人员参加各级机关举办的业务培训。开通"读览天下"网上书屋，为机关人员多读书、读好书创设条件。组织专家学者定期为机关人员进行专题讲座，开阔其知识视野。组织参加全国政协培训班。组织机关人员参加摄影知识等专项业务技能培训，为机关高效运行提供保障。

二、制度建设日趋完善

民建青岛市委建立基层组织、专委会联络员制度，将机关建设和基层组织建设、专委会建设结合起来，使机关与基层、专委会之间的联系经常化、制度化、规范化和程序化。安排机关干部定点联系和参加基层组织、专委会活动，明确联络的责任主体，规范联络的步骤和内容，畅通"上情下达"和"下情上报"的渠道。一方面，使民建青岛市委能及时掌握基层动态，帮助各基层组织、专委会协调问题、化解矛盾；另一方面，使各基层组织及时了解了市委会相关信息和安排部署，以在工作中有的放矢地落实上级精神。新增《参政议政工作管理办法》《微信群管理办法》等多项制度，修订了民建青岛市委会各项工作制度，不断完善制度细节，建成了比较完善的工作制度体系。

三、圆满完成民建中常会的服务保障工作

2013年6月14—17日，民建十届五次主席会议、十届三次中常会在青岛八大关宾馆胜利召开。根据民建中央工作部署，此次会议由民建山东省委和民建

青岛市委协助民建中央做好会议的相关工作。

民建青岛市委成立了接待工作领导小组及车辆调度、会务协调、住宿餐饮、考察联络以及宣传报道5个工作小组，先后召开各工作小组的协调调度会10余次。各工作小组根据职能分工制作了限时工作流程表，按照流程表抓落实、促推进，确保每一项工作有人抓，并能够按时限完成。在中共青岛市委统战部和市直相关单位的大力支持、指导和帮助下，民建青岛市委组织机关全体工作人员和骨干会员共同完成了会议保障任务。民建中央主席务虚会、十届五次主席会以及十届三次中常委会议均按计划圆满完成各项议程。民建中央领导还就青岛创建金融综合改革示范区、小城镇建设、前湾港保税区政策扶持以及党派机关建设、会员企业发展等分别进行了调研。

2013年6月14日晚，全国人大常委会副委员长、民建中央主席陈昌智，副主席辜胜阻，秘书长孟孝忠，组织部部长李世杰和民建山东省委主委郭爱玲接见了民建青岛市委班子成员以及常委、基层组织负责人，主委于萍做了工作汇报。民建中央主席陈昌智对民建青岛市委的工作给予了肯定和指示，并做了重要讲话。民建中央常务副主席马培华对民建青岛市委的工作汇报做了重要批示。他在批示中指出，"近年来，民建青岛市委服务青岛市经济社会发展大局，在思想建设、自身发展、参政议政和社会服务方面取得了显著的成绩，望继续努力，为青岛发展做出新贡献"。

6月15日中午，民建中央副主席辜胜阻到民建青岛市委机关视察，对市委会网站的建设以及会刊的发行等工作给予了充分的肯定，对机关下一步工作提出了要求。6月15日晚，辜胜阻副主席与驻会副主委王继尚及6名会员代表进行座谈，听取了关于小城镇建设工作的调研汇报并给予了指导。

第七节　会务活动

2012年1月6日，民建青岛市委在黄海饭店举办2012年新年联欢会。中共青岛市委常委、统战部部长臧爱民等参加了联欢会。

2012年2月16日，中共青岛市委常委、统战部部长陈飞到民建青岛市委机关看望了机关全体同志。

2012年3月16日，民建青岛市第十一届委员会第二次全体会议召开，表决通过民建山东省第八次代表大会代表名单和民建山东省第八届委员会委员候选人名单。

2012年3月20日，民建青岛市委驻会副主委王继尚、秘书长陈成意与深圳风险投资研究院的客人进行了座谈交流。4月26—28日，王继尚参加了由青岛市人民政府、中国风险投资研究院联合主办的"2012年环渤海股权投资高峰会暨青岛特色优势产业资本对接会"。

2012年7月15—23日，民建青岛市委驻会副主委王继尚带领部分会员参加了由民建中央在乌鲁木齐市主办的"2012中国非公经济论坛"，并进行了考察调研。

2012年8月1日下午，全国政协常委、副秘书长、民建中央常务副主席马培华到民建青岛市委机关看望了机关全体干部并进行座谈，接见了民建青岛市委全体班子成员；在青期间，马培华还会见了中共青岛市委常委、统战部部长陈飞等。

2012年11月10日上午，民建青岛市委召开第十一届常务委员会第四次全体会议，审议通过了《民建青岛市委关于加强专门委员会工作的意见》。

2012年，民建黑龙江省委、民建海南省委、民建烟台市委、民建滨州市委、民建重庆市委、民建武汉市委、民建昆明市委、民建成都市委等分别到青岛市就组织建设、机关建设、社会服务等方面进行考察调研。8月27日至9月3日，民建青岛市委秘书长陈成意带领部分会员企业家和机关干部到新疆与当地的民建组织进行了工作交流，并考察了当地的招商项目。

2013年1月21日，民建青岛市委举行2013年新年联欢会暨总结大会。

2013年2月5日，中共山东省委常委、青岛市委书记李群走访民建青岛市委机关。2月26日，中共青岛市委常委、市委组织部部长、统战部部长边祥慧走访民建青岛市委机关，调研民主党派工作。

2013年4月19日，民建青岛市委在党派机关五楼多功能厅举办支部主任暨"两员"培训班。各支部的支部主委、副主委及各支部的通讯员和社情民意信息员共100余人参加培训。

2013年4月24—25日，民建中央秘书长孟孝忠、办公厅副主任金丹华等一行5人来青就民建十届三次中常会的筹备工作进行了考察。

2013年5月22日，中国风险投资有限公司董事郭粟一行3人在民建山东省委秘书长李旭茂的陪同下来青岛走访会员企业，并与部分会员企业家代表进行了座谈。民建青岛市委驻会副主委王继尚出席座谈会并讲话。

2013年7月13日，民建青岛市委在党派机关五楼圆桌会议室召开十一届六次常委（扩大）会议，宣读了《民建中央关于同意成立民建中央画院青岛分院的批复》。

2013年8月4—7日，全国政协原副主席、民建中央原第一副主席张榕明来青考察调研，山东省政协副主席、民建山东省委主委郭爱玲陪同。在青期间，张榕明还会见了中共山东省委常委、青岛市委书记李群，市政协主席王书坚，市委常委、秘书长王鲁明，市政协副主席杨宏钧、秘书长刘西山等。

2013年8月10—15日，青岛市各民主党派、工商联和无党派人士领导班子建设研讨会在宁夏银川召开。民建青岛市委主委于萍，驻会副主委王继尚、秘书长陈成意参加研讨会。

2013年8月31日，民建青岛市委驻会副主委王继尚参加了由中央社会主义学院举办的为期一个月的民主党派干部进修班。

2013年9月4—5日，民建青岛市委副主委姜志荣参加了在江苏省苏州市召开的民建全国基层组织建设研讨会。全国人大常委会副委员长、民建中央主席陈昌智，全国政协副主席、民建中央常委副主席马培华出席会议并讲话。

2013年10月24—27日，全国政协副秘书长、民建中央副主席宋海就地方金融发展进行专题调研。在青期间，宋海还会见了中共青岛市委常委、组织部部长、统战部部长边祥慧。

2013年12月24日，民建青岛市委领导班子成员民主生活会在机关417会议室举行。民建青岛市委主委于萍，驻会副主委王继尚，副主委姜志荣、李江和秘书长陈成意出席会议。会内监督小组成员列席会议。

2013年，民建济南市委、民建唐山市委、民建襄阳市委、民建厦门市委、民建南京市委、民建无锡市委等到民建青岛市委机关参观考察并进行了座谈交流。

2014年1月14日，民建青岛市委召开十一届四次全委（扩大）会议，对全

市2013年度先进（优秀）支部、优秀参政议政成果、新闻宣传先进单位和优秀
作品进行了表彰。

2014年，民建青岛市委与来青调研的民建宁夏市委、民建武汉市委和民建
黑河市委进行了工作交流；5月9日，与民建安顺市委在民主党派机关办公楼召
开对口合作座谈会。5月24—25日，民建青岛市委驻会副主委王继尚带领机关
工作人员和部分会员赴重庆开展"坚持和发展中国特色社会主义"学习实践活
动，进行民建史和多党合作历史传统教育。

2014年7月7—8日，民建山东省委八届九次常委会议暨全省市级组织建设
工作会议在青岛召开。会议期间，中共青岛市委常委、组织部部长、统战部部
长边祥慧等到会看望。在青期间，民建山东省委班子成员到市委会机关视察并
指导工作。

2014年9月17—19日，民建青岛市委主委于萍带队参加由民建中央、工
业和信息化部、宁夏回族自治区政府共同主办的"2014年非公有制经济发
展论坛"。

2014年12月9日，民建青岛地方组织成立60周年纪念大会在青岛大剧院多
功能厅召开。民建中央副主席辜胜阻，山东省政协副主席、民建山东省委主
委郭爱玲，中共青岛市委常委、组织部部长、统战部部长边祥慧，青岛市政协
副主席郄晋生，市政府副秘书长、办公厅主任卞建平，于萍、王继尚及副主委
姜志荣、李江、陈成意等出席大会。会上，民建青岛市委对8个先进和优秀基
层组织、87位优秀会员和37位优秀会务工作者进行了表彰。会后，民建青岛市
委在崂山区美术馆举办"凝心聚艺——民建中央画院青岛分院艺术作品展"和
"凝心聚力——民建青岛地方组织图片展"剪彩仪式。

2015年5月30日上午，由中共青岛市委统战部、民建青岛市委、市工商联
共同主办，山东文康律师事务所承办的"中国自由贸易试验区的创新、驱动、
拓展和升级"高端论坛在青岛市级机关会议中心礼堂举行。论坛邀请全国政协
常委、民建中央副主席、上海市政协副主席周汉民做主旨演讲，于萍主持，徐
航出席论坛。

2015年6月25日，民建青岛市委与民建安顺市委庆祝中国民主建国会成立
70周年座谈会暨书画笔会在安顺市文化中心举行。

2015年，民建青岛市委与来访的安顺市关岭县委、民建温州市委进行了交

流座谈。12月10—16日，于萍、王继尚等12人一行赴云南进行基层组织建设及纪念抗战70周年采风活动，考察期间与民建昆明市委、民建大理州委就基层组织建设进行了经验交流。

2015年12月25日，民建青岛市委在黄海饭店召开2015年基层组织建设工作交流会。

2016年3月4日，民建青岛市委举办"迎三八颂祖国"演唱会。

2016年4月6—8日，民建青岛市委举办了2016年新会员培训班。

2016年，民建青岛市委与来青调研的民建济南市委、民建泰安市委、民建北海市委交流了会务工作。

第十四章 民建青岛市第十二届委员会

（2017年1月至2021年10月）

第一节 民建青岛市第十二次代表大会

2017年1月16—17日，中国民主建国会青岛市第十二次代表大会在黄海饭店召开，169名会员代表参加了会议。山东省政协副主席、民建山东省委会主委郭爱玲出席开幕式并致贺词。中共青岛市委常委、组织部部长、统战部部长边祥慧代表中共青岛市委向大会的召开表示祝贺。青岛市人大常委会副主任吴淑玲、市政府副市长张德平、市政协副主席李众民应邀参加了开幕式。九三学社青岛市委会主委赵铁军代表市各民主党派、工商联致贺词。民建重庆市委会等20余个兄弟城市民建市委会向大会发来贺信贺电。市各民主党派、工商联负责人应邀出席开幕式并表示热烈祝贺。会议由民建青岛市委会驻会副主委王继尚主持。市政协副主席、民建青岛市委会主委于萍致大会开幕词并受民建青岛市第十一届委员会的委托向大会做工作报告。报告指出，民建青岛市第十一届委员会深入开展"坚持和发展中国特色社会主义学习实践活动"，继承弘扬优良传统，引导会员坚定理想信念；不断加强组织建设，奠定人才基础，推进会内监督工作；积极、主动履行参政议政职能，助推地方经济社会发展；发挥特色优势，树立社会服务品牌，为促进青岛市经济发展、社会进步做出了积极的贡献，圆满地完成了民建青岛市第十一次代表大会提出的各项任务。报告要求，要坚持不懈地抓思想建设，自觉接受中国共产党的领导，发扬民建优良传统，坚定走中国特色社会主义道路的信念；要把加强基层组织建设作为工作的重点，建立健全工作责任制；要立足密切联系经济界的特点，坚持围绕市委、市政府中心工作建言献策；要注重品牌引领，创新社会服务的方式和载体，整合优势资源，全力打造社会服务品牌。大会强调，当前是青岛率先全面建成较高水平小康社会的关键时期，全会要认真学习中共十八大及历次全会精神和习近平同志系列重要讲话精神，推动会的事业与时俱进、全面发展；要发扬自我教育的优良传统，深入开展坚持和发展中国特色社会主义学习实践活动；要切实加强自身建设，不断提高会的组织水平和整体素质，切实加强班子成员"五种能力"建设；要认真履行参政党职能，继续提高建言献策水平；要充分发挥界别特色，进一步突出社会服务各项品牌，书写青岛民建的新篇章。大会号召全市各级民建组织和广大会员要紧密地团结在以习近平同志为核心的党中央周围，高举中国特色社会主义伟大旗帜，在上级民建组织和中共青岛市委领导下，团结奋斗，求真务实，开拓进取，扎实工作，认真履行参政党各项职能，为我市"十三五"规划的顺利实施、加快建设宜居幸福的现代化国际城市做出新的更大的贡献！

大会认真学习了中共十八届六中全会精神；审议通过了于萍同志代表民建青岛市第十一届委员会做的工作报告；选举产生了民建青岛市第十二届委员会和出席民建山东省第九次代表大会的代表。新一届委员会选举陈增敬为主任委员，王继尚、高歌、姜志荣、刘龙江、孔令华为副主任委员，任命陈成意为秘书长。

2017年1月，民建青岛市第十二次代表大会合影

郭爱玲出席开幕式并致贺词。她在致辞中首先对民建青岛市第十二次代表大会的开幕表示热烈的祝贺，对民建青岛市第十一届委员会领导班子在过去5年所取得的成绩表示了充分肯定，就今后民建青岛市委会的工作提出了具体要求。郭爱玲主委指出，当前我国正处在决胜小康、"十三五"规划贯彻实施、

改革攻坚克难、经济转型升级的关键时期，新形势、新任务对参政党全面履行职能提出了更高的要求，希望即将产生的新一届领导班子继续担负起全市广大民建会员的重托，进一步发扬民建的优良传统，更加紧密地团结在以习近平同志为核心的党中央周围，讲政治、讲大局、讲团结，继续带领全市广大民建会员与时俱进、开拓创新，为实现"两个一百年"奋斗目标和中华民族伟大复兴的中国梦做出新的更大贡献，以优异的成绩迎接中共十九大和民建十一大的胜利召开。

边祥慧代表中共青岛市委向大会的召开表示祝贺。她指出，青岛经济社会发展取得的各项成就，凝聚着民建青岛市委会和广大会员的辛勤劳动与无私奉献。5年中，民建青岛市委会团结带领广大会员，充分发挥自身优势和职能作用，主动参与青岛各项建设事业，取得了可喜的成绩。希望新一届领导班子按照习近平总书记提出的"五种能力"要求，团结带领全市广大民建会员自觉接受中国共产党的领导，不断增强"四个自信"，继续围绕全国、全省的大局工作和中共青岛市委、市政府的中心工作，更好地发挥中国特色社会主义参政党的职能作用，把广大会员的智慧和力量凝聚到以习近平同志为核心的党中央治国理政新理念、新思想、新战略上来，凝聚到青岛市经济社会各项目标任务上来，为青岛率先全面建成较高水平小康社会、加快建设宜居幸福的现代化国际城市续写新篇章。

大会闭幕式上，陈增敬讲话。他表示，民建青岛市委会将紧密团结在以习近平同志为核心的党中央周围，增强"四个意识"，提高"四个自信"，继续深入开展坚持和发展中国特色社会主义学习实践活动，开展"不忘合作初心，继续携手前进"主题教育，更加自觉地接受中国共产党的领导；要切实把思想和行动统一到中共中央的决策部署上来，围绕推进"五位一体"总体布局和"四个全面"战略布局，落实"五大发展理念"，增强履行参政党职能的科学性和实效性；要全面加强自身建设，不断提高各级领导班子和广大会员的政治把握能力、参政议政能力、合作共事能力、组织领导能力和解决自身问题的能力，努力建设适应时代要求的中国特色社会主义参政党地方组织。

第二节　思想建设

一、以特色活动开展主题教育

组织全市各基层组织和广大会员深入系统学习中共十九大及历次全会精神，学习中共中央治国理政新理念、新思想、新战略，学习贯彻中央、省、市统战工作会议精神，深刻领会习近平新时代中国特色社会主义思想。通过邀请专家进行专题辅导、订阅辅导资料、开辟网站专栏等方式，深入学习中共十九大精神；认

2018年10月29日，民建青岛市委会组织宣传骨干赴遵义进行红色主题培训

真学习贯彻习近平总书记视察山东、视察青岛重要指示精神，关于统筹疫情防控、在企业家座谈会上的讲话精神，在深圳经济特区建立40周年庆祝大会上的讲话精神和在庆祝中国共产党成立100周年大会上的讲话精神等，通过读原著、学原文、悟原理，进一步明确工作重点，不断增强"四个意识"，坚定"四个自信"，做到"两个维护"。

2017年年初，民建中央在全会范围内开展了"不忘合作初心，继续携手前进"主题教育活动，并将其作为当前和今后一个时期民建推进思想建设的首要任务。民建青岛市委会组织广大会员围绕主题教育活动开展了主题征文，会章、会史学习，书画作品展等活动。2018年，民建青岛市委会组织骨干会员和机关干部先后赴井冈山和遵义接受"传承红色基因，牢记初心使命"专题教育。围绕中共中央发布"五一口号"70周年和改革开放40周年，民建青岛市委会通过开辟宣传专栏及举办征文比赛、座谈会、书画笔会、摄影图片展等形式，使广大会员重温多党合作的历史，见证改革开放取得的伟大成就，坚定了

走中国特色社会主义道路、将改革开放进行到底的决心。2019年，民建青岛市委会联合市南区基层委精心组织会员500余人次拍摄《同心筑梦 歌唱祖国》短视频，庆祝中华人民共和国成立70周年、人民政协成立70周年和中国共产党领导的多党合作和政治协商制度确立70周年。崂山区基层委、李沧区基层委和即墨区基层委也拍摄了各具特色的短视频；各基层组织还以举办座谈会、三八节风采展示会、重阳节歌咏会，组织会员创作音乐剧、书画作品等多种形式举办了系列庆祝活动。2020年，围绕庆祝中国民主建国会成立75周年和民建青岛地方组织成立66周年，民建青岛市委会举办

2019年，民建青岛市委会精心组织拍摄《同心筑梦 歌唱祖国》短视频

2021年3月23日，民建青岛市委会组织骨干会员赴深圳开展主题培训

了"我与民建"征文活动，共收到征文54篇，其中，被民建中央采用11篇，被民建山东省委会采用27篇，荣获民建山东省委会主题征文工作先进单位。2021年，在中国共产党成立100周年之际，民建青岛市委会制定中共党史学习教育实施方案，发动全市民建各基层组织和全体会员通过各种形式深入推进中共党史学习教育，组织机关干部和骨干会员赴深圳开展主题培训，加强"四史"特别是改革开放史的学习；举办庆祝中国共产党建党100周年征文和书画捐赠活动，组织机关干部、机关一支部、专委会等赴杨家山里红色教育基地和毛公山清廉馆等开展中共党史学习教育，努力做到学史明理、学史增信、学史崇德、学史践行。

二、创办参政党理论研讨会

为了进一步提高民建青岛市委会的参政党理论研究能力和水平，解决会务工作中遇到的实践问题，充分调动会员研究参政党理论的热情和积极性，推动参政党理论研究工作和会务管理工作再上新台阶，为参政党履行职能、发挥作用提供坚实的理论支撑，2019年9月7日，民建青岛市委会联合民建山

2019年9月7日，庆祝中国共产党领导的多党合作和
政治协商制度成立70周年理论研讨会在青召开

东省委会、青岛大学在青岛市首次举办以"庆祝中国共产党领导的多党合作和政治协商制度确立70周年"为主题的理论研讨会。研讨会以理论和实践相结合为特色，省内外120余位各级领导和专家学者参加，山东大学马克思主义学院特聘教授、中国政治学会副会长包心鉴，民建山东省委会专职副主委李旭茂，中央社会主义学院统战理论教研部副教授邱永文，上海市委党校（上海行政学院）政治学部教授、中国政治学会常务理事副秘书长程竹汝分别做了主旨演讲。会上，大家围绕习近平总书记关于新型政党制度的最新论断、中国特色社会主义参政党的地位与作用、新型政党制度的政治学意义、协商民主的价值功能、中国特色社会主义参政党基层组织建设的困境与对策、民主党派民主监督的实效性、完善民主党派内部监督等主题进行了热烈讨论。研讨会共收到27篇既有理论深度又有实践指导意义的理论文章。

2020年9月25日，在充分借鉴2019年研讨会经验基础上，民建青岛市委会又联合民建山东省委会举办了以"国家治理现代化背景下中国特色社会主义参政党建设"为主题的理论研讨会，省内外80多名专家学者参加了会议。全国政协原研究室主任、新闻办公室主任、副秘书长卜晋平，中国政治学会副会长、中央统战部原副秘书长、研究室主任张献生，民建中央宣传部部长蔡玲，山东大学当代社会主义研究所首席专家臧秀玲分别做了主旨发言。会上，与会专家

和党派实务负责人分别围绕
如何提升中国共产党对各民
主党派的领导力、如何凝聚
中国共产党与各民主党派的
政治共识、民主党派如何助
力国家治理体系现代化和地
方治理能力现代化、新时代
民主党派成员思想动态、如
何激发民主党派基层组织的

2020年9月25日，国家治理现代化背景下
中国特色社会主义参政党建设理论研讨会在青召开

活力、如何调动民主党派普通成员参与组织活动的积极性和主动性等主题进行
了深入讨论。此次研讨会对中国特色社会主义参政党建设理论研究与工作实务
进行了大胆尝试和有益探索，共收到来自省内外的专家论文40余篇，其中28篇
结集成册。丰硕的理论成果和实践探讨为民建地方组织下一步的建设和履职尽
责提供了十分有意义的参考和借鉴。

2021年6月11日，在中国
共产党成立100周年之际，民
建山东省委会、民建青岛市
委会与青岛大学、青岛科技
大学联合举办以"多党合作
的理论与实践"为主题的研
讨会。省内外100多名专家学
者参加了会议。全国政协常
委、民建中央常委、民建中
央理论研究委员会主任、陕
西省政协副主席、民建陕西
省委会主委李冬玉；复旦大学教授，上海市社会科学界联合会原党组副书记、

2021年6月11日，中国共产党领导的
多党合作的理论与实践研讨会在青召开

专职副主席桑玉成；中央党史和文献研究院研究员、中央党史和文献研究院国
家高端智库核心团队成员、全国政协参政议政人才库特聘专家朱昔群；山东大
学当代社会主义研究所副主任、山东大学中央社会主义学院统一战线研究中心
主任蒋锐分别做了主旨发言。与会专家和党派实务负责人分别从新型政党制度

的历史溯源和创新发展、新型政党制度的制度优势与机制创新、论中国共产党建党100周年多党合作制度的先进经验、新会员培养存在的问题及对策研究、提升参政党"五种能力"、培育民建基层组织履职新能力的方法探析、我国民主监督的实践发展、民建基层组织会内监督探究8个方面进行了讨论交流。此次研讨会在理论提升和实务创新上有了新突破，品牌影响力逐渐扩大，来自省内外的专家论文35篇汇编成册。

同时，为提高理论研究能力和水平，民建青岛市委会多次积极承办民建中央理论委会议，组织会员专家参加研讨。承担青岛市统一战线和民建山东省委会理论政策研究课题，分别完成了《发挥民主党派民主监督作用研究》《增强民主党派民主监督实效性的价值、困境与对策研究》等多篇报告，并荣获中共山东省委统战部及省社科联的联合表彰、民建山东省委会重点理论研究优秀成果奖和中共青岛市委统战部理论调研优秀成果奖。自2017年，民建青岛市委会连续4年荣获全市统战理论调研工作先进单位。

三、创立民建会史宣讲团

为抓好会员的教育引导工作，继承和发扬民建的优良传统，提高会员自我教育的能力和水平，选拔和培养一批适应新形势、新任务要求的会务宣传骨干，在深入调研、充分酝酿的基础上，民建青岛市委会于2019年8月19日成立会史宣讲团，制定出台了《民建青岛市

2019年8月19日，民建青岛市委会会史宣讲团成立

委会会史宣讲团工作制度（试行）》，就宣讲团的组织领导、职责定位、工作任务、人员组成、业务培训、经费保障等方面进行了详细的规范，在此基础上又拟订了宣讲业务培训计划，明确了年度工作目标和长期工作任务，制定了工作推进的具体时间表和路线图。经过精心筛选，初步建立了一支由市委会领导

班子成员带头、机关各处（室）负责人参与、以基层骨干会员为主体的宣讲队伍，统一购买了辅导教材和学习材料，并组织赴上海、南京、镇江、古田等地的教育基地进行现场教学。同时，对宣讲内容、宣讲课件进行统一筛选，组织宣讲团成员统一备课、反复试讲，安排优秀讲师到各基层巡讲，努力把握宣讲的"政治性、思想性，真实性、可靠性，实践性、现实性，故事性、趣味性"并使其相统一。宣讲团成立以后，先后累计召开宣讲专题会议40多场，参与听讲的会员达1000多人次，取得了阶段性成果。2020年，市南区基层委创新会史宣讲方式，开办会史宣讲微课堂，网上发布课程6期，2800多人次观看学习，微课堂的经验做法被《人民政协报》报道。会史宣讲工作的经验获全国人大常委会副委员长、民建中央主席郝明金的肯定批示："今年是民建成立75周年，进行民建会史宣讲，具有十分重要的意义。青岛民建的会史宣讲有特色、有成效，值得肯定，要坚持下去，形成品牌。"2021年，在会史宣讲团的基础上，根据中共党史学习教育方案相关要求，宣讲团队的宣讲内容和讲师团队进行了重新调整，制定了中共党史宣讲工作计划表和路线图，深入基层开展中共党史宣讲。自中共党史学习教育开展以来，累计召开宣讲专题会议10多场，参与听讲的会员达500余人次。

四、开展全市民建会史修编工作

为真实记录民建青岛市各基层组织成立以来的风雨历程，深入挖掘民建青岛地方组织成立以来的历史，全面展示广大民建会员自觉接受中国共产党的领导，在参政议政、民主监督、社会服务等方面所取得的成绩，以史为鉴，继往开来，2020年，民建青岛市委会在全市范围内开展各基层组织会史编撰工作，制定了详细的工作方案，成立了专门的编辑队伍，明确了会史修编工作思路和工作要求。在全市各基层组织和广大会员的共同努力下，2020年8月初，完成了全市17个基层组织的会史初稿编撰工作。在机关各处（室）的共同努力下，12月底，基本完成了《青岛民建简史》初稿的修编工作。经过半年多的修订、补充、完善，2021年10月底《青岛民建简史》基本定稿。通过此次会史修编，民建青岛市委会及各基层组织对青岛民建的发展历史进行了深入挖掘、整理、编写，形成了详实的图片和文字资料；对会员在参政议政、民主监督、社会服务等方面为社会做出的贡献，对在特殊时期、特殊事件中的先进典型事例，对优秀老会员的事迹进行了详细的史料挖掘，为民建青岛地方组织的发展留下了珍贵的历史资料，同时也为会史宣讲提供了丰富的内容。

五、宣传工作迈上新台阶

为了适应新时期宣传工作的需要，2017年青岛民建网站改版，新建手机版网站，开通"青岛民建"微信公众号，及时发布民建青岛市委会、各基层组织的最新动态，加大对会务工作的宣传力度。不断探索、完善新闻宣传工作机制，举办新闻媒体恳谈会，主动对接新闻媒体，发掘市委会和基层工作亮点。其中，《主题教育这样更走"心"——民建青岛市委会成立会史宣讲团小记》在《人民政协报》（统战版）头条刊发，《创业企业沙龙是平台更是机遇》在《人民日报》（海外版）刊发。为充分发挥宣传骨干的示范带动作用、激发各基层组织和广大会员积极参与宣传思想工作的热情和干劲，民建青岛市委会每年定期召开思想宣传工作会议，对宣传骨干会员进行培训，表彰先进集体、优秀通讯员和优秀征文。自2017年年初至2021年10月底，民建青岛市委会先后被各级新闻媒体采用稿件1614篇次，编辑《青岛民建》会刊29期，更新网站信息1400余篇，微信公众号推送信息720余条。2017年获得民建山东省委会理论宣传先进单位、网站工作先进单位称号；2018—2020年，连续3年获得民建山东省委会理论宣传调研工作突出先进单位、新媒体宣传工作先进单位荣誉称号。2020年，民建青岛市委会的新闻宣传工作取得新突破，在省级以上会外媒体发表的宣传稿件数量位居全省第一。

第三节　组织建设

一、强化提升领导班子建设

2017年，民建青岛市委会出台《班子成员联系基层组织及专委会A/B角制度》，明确了每一名班子成员联系基层和专委会的职责与分工，提高了班子成员的履职能力和效率。班子成员带队先后赴城阳、即墨、胶州、莱西等地就基层组织建设进行调研，并召开县级市支部、高校支部座谈会征求意见；制定全面加强作风建设实施方案，召开全面加强作风建设动员部署会。民建青岛市委会作风建设的经验

2019年6月28日，民建青岛市委会领导班子理论中心组
集中学习

做法在民建山东省委常委会上做大会交流。班子理论学习中心组自成立以来至2021年10月底，共举办了16次集中学习。班子成员还参加了民建中央、省委会和中共青岛市委统战部、市委组织部举办的各类培训班，提高了履职的"五种能力"。民建青岛市委会切实贯彻落实民主集中制，定期召开民主生活会，由主委带头，班子成员全面梳理、查找自身问题，开展批评和自我批评，对查摆的问题进行认领，提出整改意见，改进作风。截至2021年10月底，民建青岛市委会共召开主委办公会58次、常委会20次、全委会9次。

二、提高基层组织建设水平

2017年，全市所有民建基层组织顺利完成了换届工作。经过充分的协调沟通和准备，结合青岛市区域划分的调整，2017年11月，民建即墨区基层委和民建莱西支部成立。2018年11月，民建胶州支部成立。这3个基层组织的成立，实现了全市7区3市基层组织全覆盖的目标。2019年11月民建青岛科技大学支部成立，2020年7月民建青岛黄海学院支部成立，使我市民建高校基层组织又增添了生力军。2019年至2021年，民建崂山区基层委、市直总支、市北区基层委、胶州支部的领导班子进行了届中调整，充实了基层组织班子力量，提高了基层班子履职能力。2021年9月起，民建平度支部、崂山区基层委、市直总支、市南区基层委、市北区基层委、中国石油大学（华东）支部、青岛大学支部先后完成换届工作，选举产生了新一届基层委员会。

2018年11月，民建胶州支部成立　　　　2020年7月，民建青岛黄海学院支部成立

　　为了完善民建基层组织工作机制，增强组织凝聚力和向心力，2019年6月起，民建青岛市委会在全会范围内开展了民建基层组织建设大调研，驻会副主委王继尚牵头成立专门调研组，通过调查问卷、座谈会、骨干会员谈心会等方式收集有关意见建议211条，通过对调研数据进行分类整理和分析对比，形成了调研报告。2020年，民建青岛市委会组织举办了全市骨干会员培训班，并就基层组织建设工作中存在的问题再一次深入征求意见，对照发现的问题逐一检查整改。综合两次调研情况，民建青岛市委会对征求的意见和建议进行了系统梳理和分析，依据《中国共产党统一战线条例》《中共中央关于加强中国特色社会主义参政党建设的意见》《民建中央关于进一步加强基层组织建设的意见》等文件的精神及民建中央、民建山东省委会关于基层组织建设的具体工作要求，在市委会机关、基层组织和会内骨干中多次征集意见、修改完善的基础上出台了《民建青岛市委关于加强基层组织建设的指导意见》，并在会内试行。

三、编撰《青岛民建会员培训读本》

　　为帮助申请入会人员、新会员、机关干部和全市广大民建会员在尽可能短的时间内系统、全面、准确地了解、掌握新时代参政党建设的有关要求、理论政策、基本知识和履职方法，民建青岛市委会自2020年3月起着手编撰培训读本，成立了专班和编辑组，制定了培训读本编撰方案。经过一年多的搜集、整理和编撰，2021年10月底完成了《青岛民建会员培训读本》的编印工作。该培训读本语言通俗易懂，涵盖统一战线基础理论、民建概述、参政党建设和会员履职尽责等基本知识和内容，为不断完善培训机制打下了理论基础。

四、队伍建设选优配强

民建青岛市委会严格按照"三个文件"精神发展会员。2017—2021年，共发展会员398名，新会员平均年龄为39.5岁，其中，有大学以上学历的占新会员总数的86.2%。截至2021年10月，全市共有会员1945人，经济界人士占会员总数的81.3%，会员年龄结构和整体素质进一步优化。根据工作需要补选5名委员、3名常委。建立各领域骨干会员数据库，多渠道培养后备干部。会员中现有全国政协委员1人，省人大代表1人、政协委员2人，市人大代表7人、政协委员37人，区（市）人大代表26人、政协委员113人。会员中担任处级以上职务的有41人，担任各级特邀（约）职务的有22人。举办了由100余名基层班子成员和支部主委参加的骨干会员培训班，全面提高基层组织班子的履职能力。组织骨干会员参加民建中央培训2人次、民建山东省委会培训22人次、中共青岛市委统战部和青岛市社会主义学院培训271人次，提高了会员的履职能力。每年举办新会员培训班和专项工作总结会，累计有500余名会员参加培训和会议。刘树国、薛平、葛言华3名会员荣获全国优秀会员称号，6个基层组强、42名会员荣获民建山东省委会先进集体、优秀会员称号。

五、成立监督委员会

为继续深化、完善内部监督机制，在2013年试点建立的内部监督小组基础上，2018年12月14日，民建青岛市委会监督委员会（简称"监督委员会"）成立，孔令华为主任，刘展蓉、孙芳龙、王君亮为副主任。根据各民主党派中央关于会内监督

2018年12月14日，民建青岛市委会监督委员会成立

的相关规定及有关法律法规，民建青岛市委会结合自身实际，制定了《中国民主建国会青岛市监督委员会会内监督办法（试行）》和《民建青岛市委会监督

委员会工作规则（试行）》。监督委员会成立后，在民建青岛市委会领导下进行会内监督工作，每届任期与同级委员会相同。监督委员会下设办公室，由市委会组织处负责监督委员会办公室的日常事务。监督委员会自成立以来，不断加强对会员遵规守纪情况的监督，召开监督委专题工作会议，列席班子成员专题民主生活会和常委民主测评会。在部分基层组织试点并推广班子年终述职评议和谈心会，基层班子建设取得新成效。加强对"作风建设年"活动的督导，监督委成员全程参与，从前期实施方案制定、责任分解到后期基层调研、跟踪督查，进行全流程监督。活动开展以来，监督委员会办公室定期编发月报，持续跟进活动进展。2021年6月，监督委员会承办并积极参加民建中央理论委"提升会内监督水平，加强会内监督制度建设"课题研讨会，并在会上交流会内监督开展情况。

六、发挥专门委员会优势

民建青岛市委会对《民建青岛市委会专门委员会章程》进行了修订。定期调整专门委员会组成人员，将一批参政议政能力强、热心会务工作、专业性强的会员不断充实到专门委员会中。2018年，将现有

2020年12月24日，民建青岛市委会青年工作委员会成立

的8个专委会调整为9个，新增加金融财经专委会，并对部分专委会成员进行了调整。2020年12月，民建青岛市委会青年工作委员会成立。10个专门委员会发挥专业人才密集的优势，承担民建青岛市委会重点调研课题，围绕氢能、科技金融、非公企业、水资源安全、养老、大型企业破产清算、企业文化等课题积极建言献策；积极参与中共青岛市委、市政府重大事项征求意见工作，为青岛市地方立法提出了多条有效建议。部分专门委员会还承办了三八妇女节、重阳节、创业企业沙龙等活动，取得很好的效果。例如，妇女委员会举办了"巾帼展风采，建功新时代"工作汇报会、迎三八妇女节风采展示会等；老龄委员会

举办了纪念改革开放40周年重阳节座谈会、庆祝中华人民共和国成立70周年重阳歌咏会等；财政金融委员会承办了主题为"数字人民币及其应用"的创业企业沙龙；企业委员会和文化委员会分别承办了主题为"智慧端口赋能未来""乘势而为打造房产营销新模式"和"互联网+幼小衔接"的创业企业沙龙等。

2020年4月22日，民建青岛市委会开展"致敬最美逆行者"书画慰问活动

七、创新开展民建中央画院青岛分院的工作

在民建中央画院的指导下，结合民建青岛市委会每年的重点工作，民建中央画院青岛分院不断发挥自身优势，创新开展工作。2017年，举办"喜迎十九大，共筑中国梦"系列活动、举行"学习十九大、美在新时代"作品展并编印《聚力筑梦》画册。2018年，举办"庆祝改革开放40周年书画雅集暨摄影图片展"。2019年，组织书画家参加中共青岛市委统战部举办的"同书新时代·共画同心圆——青岛市统一战线庆祝中华人民共和国成立70周年和人民政协成立70周年书画展"，15名会员共创作15幅作品参展。2020年，助力新冠肺炎疫情防控，开展"致敬最美逆行者"活动，20余名书画家摄影家创作摄影作品34幅、书画作品180幅，讴歌奋战在疫情防控一线的最美逆行者，并精选出86幅书画作品分别捐赠给湖北黄冈医疗中心及青岛市市立医院、青岛大学附属医院、第六人民医院、思达心脏病医院等多家援鄂抗疫医院，经验做法被《人民政协报》报道。2021年，为庆祝中国共产党成立100周年，组织20余名民建书画家积极参加"百年谱华章　同心铸辉煌——青岛市统一战线庆祝中国共产党成立100周年书画展"，14幅书画作品参展；举办向老共产党员捐赠艺术品展，并分别向崂山区、市北区老共产党员代表和做出突出贡献的优秀共产党员代表无偿捐赠了书画作品近60幅，表达了全体民建青岛会员对中国共产党百

年华诞的祝福和对中国共产党员的敬意；积极组织书画家利用书画特长参与民建会员履职活动，为到波兰、匈牙利、罗马尼亚和美国、墨西哥参观学习的会员企业家创作多幅书画作品，为国际文化交流做出了贡献；组织书画家积极参与精准扶贫活动，通过设计文化墙、题写文化长廊和碑刻等帮扶平度市南村镇西万家村的同心思源文化广场项目建设。

第四节　参政议政

2017年，民建青岛市委会出台了《民建青岛市委会参政议政工作管理办法》，对原有参政议政工作制度进行了修改完善。新办法对课题调研、反映社情民意信息和成果评定等进行了明确规定，对各基层组织社情民意信息报送和采用情况按季度进行通报，并对被采用的社情民意信息发放劳务费；民建青岛市委会领导班子成员每人每年最少牵头一个调研课题；每年召开参政议政工作会议，总结上一年度参政议政工作，表彰先进单位和优秀成果，交流工作经验，布置工作任务；参政议政工作每年都上一个新台阶。

一、聚焦中心开展调研

民建青岛市委会结合界别特色和优势，围绕军民融合、上合组织地方经贸合作示范区、山东自贸试验区青岛片区等青岛市承担的国家战略和青岛市经济社会发展重点等进行课题调研。36篇调研成果得到中共山东省委和青岛市委、市政府主要领导的批示肯定，多条建议被相关部门采纳并转化为政策。2017年，调研报告《超前布局氢能与燃料电池产业，抓住能源革命机遇，培育我市发展新动能》得到青岛市政府主要领导的批示。《关于推动青岛科技金融健康发展的对策建议》向中共青岛市委、市政府主要领导进行了重点汇报。2018年，《中国—上海合作组织地方经贸合作示范区建设研究》作为民建青岛市委会全年重点调研课题向中共青岛市委、市政府主要领导做专题汇报，并被市政协作为主席重点督办提案办理。与兄弟党派、智库联合调研并形成的报告《上合组织青岛峰会效应研究》获青岛市政府和市政协主要领导批示。2019年，承办民建中央经济委员会融合创新发展研讨会，《关于促进军民融合产业深度发展的调研报告》向青岛市政府主要领导进行了专题汇报，并被民建中央作为重点提案提报全国政协，被工信部予以重点办理。《中国—上海合作组织地方经贸合作示范区建设问题研究》获中共山东省委主要领导批示，《关于积极稳妥推进我市氢能产业发展的建议》获中共青岛市委主要领导批示，另有2篇调研成果获青岛市政府主要领导

2018年11月8日，民建青岛市委会举办"纪念改革开放四十周年　建言上合组织地方经贸合作示范区"议政座谈会

2020年7月22日，民建青岛市委会"壮大民营经济攻势"课题调研组到企业调研

批示。2020年，牵头承担了青岛市政党协商计划重点调研课题"关于系统性、整体性、协同性推进壮大民营经济攻势向纵深发展研究"，高质量完成1篇总报告、16篇子课题报告，获中共青岛市委主要领导批示肯定，相关成果纳入壮大民营经济攻势3.0版方案中。《加快推进农业"保险+期货"新模式的建议》被民建中央采用后在全国政协常委会上做口头发言，4篇调研报告被市政府领导批示，机关二支部、文化委员会等提交的7篇成果被《统战专报》采用。2021年，先后就海洋产业科技成果转化、新型研究机构的体制和机制问题、海洋防腐蚀产业发展、乡村振兴、数字经济等进行调研，所形成的9篇调研成果

以《统战专报》形式报中共青岛市委、市政府决策参考，4篇得到中共青岛市委、市政府主要领导指示。

二、保持信息工作领先优势

不断完善社情民意信息工作机制，信息工作连创佳绩。2017年至2021年10月底，民建青岛市委会共提交社情民意信息1500余篇，4篇获国家领导人批示，8篇获中共山东省委、省政府主要领导批示，被中央统战部采用9篇，被全国政协采用102篇，被民建中央、山东省政协采用463余篇。100余名会员撰写的信息被民建山东省委会评为优秀参政议政成果。陈增敬、李翊、黄秀欣3人被民建中央表彰为反映社情民意信息先进个人，其中，会员李翊因反映社情民意信息成绩突出荣获2020年民建中央社情民意信息工作先进个人和抗击新冠疫情先进个人。2人被省政协表彰为先进信息工作者。民建青岛市委会反映社情民意信息工作连续5年在省内排名第一，并被民建山东省委会评为参政议政工作先进单位，连续5年被中共青岛市委统战部评为统战信息工作先进单位。

三、积极参加政治协商

在全国两会上，民建青岛市委会共提交全国政协委员提案7件；在山东省两会上，提交省人大代表建议2件，省政协委员提案6件；在青岛市政协十三届全会上，共提交组织提案21件、界别提案7件，委员提交个人提案207件，其中有12件被评为优秀提案，7件获青岛市政府、市政协领导牵头督办。2021年，在山东省政协十二届常委会第十七次会议上，围绕山东省九大改革攻坚行动，民建青岛市委会提交的《让科技成果转化驶上"快车道"》以民建山东省委会的名义做大会口头发言。在青岛市十六届人大全会上，共提交代表议案61件。围绕"挖掘海洋资源优势 加快我市生物医药产业发展""打造双循环枢纽构建新发展格局"和"守护种质资源统筹种业安全与发展"等做了大会发言，取得了很好的社会反响；围绕"新旧动能转换，提振实体经济""提升我市非公有制经济市场活力和创造力""加快乡村产业振兴，促进农业农村现代化"和"建设工业互联网之都"等主题在青岛市政协常委会和双月协商座谈会上做口头发言或书面发言53余次，所提建议得到了市领导及相关部门的肯定和采纳。《关于加快山东自贸区青岛片区建设步伐案》《关于利用互联网打通全民健康"最后一公里"案》《关于建立工业用地保护线案》《关于以人工智能塑造青岛竞争新优势案》等被评为市政协优秀提案。2021年，以"破解科技成果转化难"为主题承办了青岛市政协第五期"倾听与商量"节目，并围绕制约科技成果转化的问题形成提案提交全国政协。

2021年3月，民建青岛市委会承办青岛市政协第五期《倾听与商量》节目

此外，民建青岛市委会还参加了推进国有企业改革攻势、壮大民营经济攻势等"15个攻势"督导活动和推进情况咨询会，参加党外人士情况通报会、党风廉政情况通报会、经济社会发展情况通报会等50余次，并提出意见、建议。

围绕中心服务大局，民建青岛市委会将"议政日"与高端建言相结合，为助力青岛市经济社会发展做出积极贡献。2017年围绕"培育氢能产业发展，促进新旧动能转换"主题举行"议政日"活动，助力青岛市打造氢能应用的国家级示范区。2018年分别以"聚力建言招才引智，助推青岛走在前列"和"纪念改革开

2018年11月13日，民建青岛市委会专项民主监督调研座谈会召开

放40周年建言上合组织地方经贸合作示范区"为主题开展"议政日"活动，对青岛市的招才引智工作和上合组织地方经贸合作示范区建设提出意见、建议。2019年，围绕"15个攻势"举行"议政日"活动，建言"海洋攻势"。2020年，围绕壮大民营经济攻势开展"议政日"活动。2021年，围绕"推动海洋防腐产业发展"主题开展"议政日"活动。

四、稳步推进民主监督

民建青岛市委会参加青岛市统计局、青岛市教育局、青岛市审计局、青岛市建设委员会、青岛市发展改革委员会等政府部门组织的对口联系活动，并提出监督意见和建议。每年组织会员参加青岛市政府组织的"三民活动"，对部门工作进行评议，提交"三民活动建议"120余篇。组织会员对《青岛市海岸带规划管理条例（草案）》《青岛建设国际化创新型城市实施方案》《关于统筹完善社会救助体系的实施意见》等30余项市重大事项和地方立法提出监督意见、建议。

认真开展专项民主监督工作。2017年，民建青岛市委会以崂山区基层委结对帮扶社区为试点，积极探索基层组织开展精准扶贫的民主监督工作。2018年，围绕全市优化营商环境，严格落实企业税收优惠情况开展专项民主监督，完成了《优化营商环境专项民主监督调研报告》，得到中共青岛市委主要领导的批示。2019年，

2020年10月30日，民建青岛市委会赴西海岸新区开展专项民主监督调研

围绕西海岸新区和胶州市"双招双引"攻坚工作开展情况进行专项民主监督，完成的监督调研报告得到中共青岛市委主要领导的批示。2020年，对西海岸新区和胶州市做好"六稳"工作、落实"六保"任务工作情况开展专项民主监督，形成的2篇监督调研报告均得到中共青岛市委书记的批示。2021年，围绕西海岸新区和胶州市的"项目落地年"开展专项民主监督，完成2篇专项民主监督调研报告，得到中共青岛市委主要领导的批示。每年参加全市党风廉政建设和反腐败情况通报会及市中级人民法院、市人民检察院调研考察活动并提出意见建议。民建青岛市委会和会员中的特约人员参加青岛市市政府相关部门组织的调研、座谈、开放日等活动50余次，提出意见、建议140余条，充分履行了民主监督职能。

第五节　社会服务

一、助力疫情防控和复工复产

2020年年初，新冠肺炎疫情暴发，民建青岛市委会第一时间通过视频会议对疫情防控工作进行部署，研究通过《关于做好防控新型冠状病毒感染的肺炎疫情工作的通知》，组织引导广大会员和机关干部参与疫情防治、捐款捐物、开展慰问和志愿服务活动，助力会员企业复工复产。

2020年3月9日，民建青岛市委会向青岛大学附属医院捐赠抗疫物资

疫情发生后，民建青岛市委会便紧急协调民建会员企业康福莱控股集团捐赠首批医用高等级口罩发往武汉市红十字会。民建青岛市委会机关全体人员和广大会员累计捐款物合计价值921余万元，其中，中国科学院院士、民建青岛市委会原主委冯士筰带头捐款1万元。会员企业青岛海博家居有限公司减免商户房租2000余万元。民建青岛市委会组织、发动会内专家学者、参政议政骨干，围绕司法应急、防疫物资生产调拨、复工复产、严防境外疫情输入、脱贫攻坚、生物安全、"六稳""六保"等建言献策。针对企业复工复产过程中的问题，民建青岛市委会下发调查问卷，了解疫情期间惠企政策落实情况、企业遇到的问题及意见建议，为会员企业提供复工复产所需要的口罩、消毒剂、额温计等防疫物资购买渠道。

全市医疗战线的民建会员，不畏艰险，坚守抗疫一线。市南区、市北区和李沧区基层委率先成立志愿服务队开展抗疫志愿服务。妇女委员会依托新媒体举办线上女会员抗疫风采展示活动。文艺界会员以创作歌曲、诗歌、京剧等方式为抗疫人员加油。法制委员会成立法律公益服务小组，专门解决企业复工复产过程中频发的法律纠纷问题。全市会员参与抗疫志愿服务活动累计300余人次。

2020年，民建青岛市委会分别荣获民建中央"抗击新冠肺炎疫情"先进集体、民建山东省委会"助力抗击新冠疫情"先进集体荣誉称号，李翊、薛平2名会员获民建中央"抗击新冠肺炎疫情"先进个人，27名会员获民建山东省委会"助力抗击新冠疫情"先进个人表彰，民建青岛市委会就抗疫工作对全市10个基层组织和33名会员进行了表彰。

二、聚力推进精准扶贫工作

按照民建山东省委会和中共青岛市委关于积极参与精准扶贫的相关部署要求，民建青岛市委会制定《精准扶贫实施方案》，组织协调会内外力量，发挥广大会员优势，扎实开展精准扶贫工作，重点开展了定点帮扶、科技扶贫和产业扶贫等精准扶贫项目。

2017年7月31日，平度市南村镇西万家村同心思源广场揭幕仪式

自2016年起，民建青岛市委会定点帮扶省级贫困村平度市南村镇西万家村，并派宣传处副处长刘京杰挂职该村驻村第一书记。截至2017年，共组织会员捐资190余万改善该村的道路、排水沟等基础设施建设，为该村免费设计、捐资、建设占地3000余平方米的同心思源广场，工程造价近100万元。组织会员企业采取"产业+项目+基地+贫困户"的模式带动14个贫困村庄发展特色产业，帮助近400人稳定脱贫。2018年，承接贵州黔西县青杠坝村同心思源广场的设计和建设工作，组织会员免费设计并捐款22万元，建设了集红色文化与统战文化宣传基地、村民文化活动场

地、周边农产品交易集散地等功能于一体的青杠坝村同心思源广场，并于2019年完工。2020年，继续引导和支持会员企业通过产业扶贫、消费扶贫等形式开展精准扶贫和乡村振兴。

民建青岛各基层组织也积极助力精准扶贫。市南区基层委打造民主党派社会服务工作

2018年8月15日，民建青岛市委会召开贵州青岗坝村帮扶项目座谈会

品牌"同心思源专家工作站"，市北区基层委创立"民建帮你办"服务品牌，李沧区基层委开展"思源·助学圆梦"系列活动，黄岛区基层委会员企业开展农民工职业培训（4年共培训农民3000余人），崂山区基层委与张村社区开展"就业帮扶、智慧帮扶、文化帮扶、关爱村民、急救培训"系列活动，城阳区基层委会员企业积极参与青岛市与贵州安顺和甘肃陇南的东西部协作扶贫，即墨区基层委会员企业捐赠救生艇助力江西进贤、河南等地抗洪救灾，市直总支、平度支部等服务品牌也有效发挥了精准扶贫作用。由民建会员企业家发起的"小草基金"的经验做法，得到民建中央副主席李世杰的肯定性批示。

2017年，民建青岛市委会的精准扶贫工作得到民建中央第一副主席马培华的肯定批示："民建青岛市委会响应中央精准扶贫号召，发挥优势，在定点攻坚、智力帮扶和产业扶贫等方面取得了显著进展。希望再接再厉，不断提高帮扶成效。"2019年，民建青岛市委会被民建中央评为脱贫攻坚先进集体，会员杜海辉被评为民建脱贫攻坚先进个人。

三、深化拓展创业企业沙龙

2017年，围绕"走出去在'路上'""不忘初心,实干兴业""互联网+幼小衔接""如何创新房产营销的新模式"等主题；2018年，围绕"校企联合，共促创业""建言医养健康产业发展""深度赋能帮扶，助力乡村振兴"等主题；2019年，围绕"科技创新成就未来""创新创业实践教育讲堂""即墨黄酒的历史和妙府老酒的发展""职业教育如何助推大数据产业发展""文化赋

能，促旗帜行业发展"等主题，民建青岛市委会共举办13期创业企业沙龙活动，参与会员300余人（次），促进了会员企业之间的合作，扩大了沙龙的影响力和辐射力。2018年，青岛民建创业导师团成立后，联合驻青高校、中职院校开展"校企联合，共促创业"活动，通过举办创业导

2018年11月27日，民建青岛市委会举办"校企联合，共促创业"为主题的创业企业沙龙

师讲学、共建实训基地、设立培训基金、参与大学生"互联网+"创新创业大赛等，提高了在校学生的创新创业意识和实践能力，加强了高校人才技术与市场、企业和社会资金的对接，推动了科技成果向市场加速转化。

2019年，民建青岛市委会共举办4次"创新创业实践教育进校园"活动，助力中国海洋大学、青岛农业大学学生在各级创新比赛中取得优异成绩，并为大学生创新创业提供学习和锻炼的平台，收到较好效果。2020年，围绕"银企对接，助企纾困""民营高新技术企业高质量发展""促进民营经济发展关于金融政策比较研究""现代物流产业发展及数智化助力物流行业转型升级"等举办创业企业沙龙活动，助力企业复工复产。2021年，创业企业沙龙活动继续向基层组织延伸，分别与青岛农业大学支部、黄岛区基层委、崂山区基层委、市北区基层委、市南区基层委和财政金融委联合举办7期活动，围绕"守护种质资源，让青岛种业焕然新生""产业互联网下的新连锁酒店""数字人民币及其应用""浩海—企业发展之路""职工赋能中心助力民营经济发展""第三方检测平台的发展与未来""中西医结合治疗痛风的新策略和机制研究"等主题，就打造国际种都、后疫情时期中国连锁酒店业发展、数字人民币应用试点、科技赋能企业发展、民营企业推动劳模工匠选树、第三方检测平台健康成长等展开讨论交流。

2021年，民建青岛市委会创新服务会员模式，定期推出"惠企政策速递"，帮助会员企业及时了解市委、市政府优化营商环境、助推企业发展的相关政策，让企业充分享受政策红利，实现持续发展。"惠企政策速递"以民建

青岛市委会网站、企业沙龙微信群等为平台共推送18期，帮助多名会员与相关部门联系，助力会员企业享受全链条政策服务。民建青岛市委会还积极组织会员企业参加民建中央主办的"非公经济论坛""风险投资论坛"和各级政府主办的投资洽谈会、研讨会、高端论坛等20余次，并开展捐资助学、走访慰问、学习讲座等活动，奉献爱心，履行社会责任。

第六节　机关建设

一、加强学习，优化队伍

为加强理论学习，民建青岛市委会组织机关干部学习中共十九大，十九届二中、三中、四中、五中全会精神，学习习近平总书记系列重要讲话精神和各级两会精神，思想上与中共中央保持高度一致。加强业务学习，组织机关干部参加党外处级干部培训班、信息员培训班、对口联系培训班、理

2020年11月6日，民建青岛市委会组织机关工作人员参观清廉家风馆

论调研与宣传培训班和网络干部学院学习，提高干部队伍的履职能力。在机关干部中开展"燃烧激情、建功青岛"主题实践活动，通过开展"三比三创三提升"活动，激发机关干部"爱青岛，让青岛更美好"的强烈使命感和责任感，激发机关干部干事创业的激情和责任担当。开展职务犯罪预防警示教育和廉政教育，领导干部如实完成个人事项报告，机关全体干部参加省、市纪委德廉知识考试，提高了拒腐防变能力，增强了廉洁自律意识。晋升了1名副局级和5名

处级干部，完成职级改革及各次晋升工作，选派1名处级干部到崂山区挂职锻炼，从基层遴选了2名年轻干部，机关干部队伍得到进一步优化。

二、完善制度，规范流程

民建青岛市委会修订民建青岛市委会各项工作制度，不断完善制度细节，建成了比较完善的工作制度体系，2017年编印的《民建青岛市委会制度汇编》，包含市委会制度和机关工作制度共32项。建立制度修订动态化机制，适时出台新的工作和管理制度。2019年，在原有32项制度基础上增加《民建青岛市委会领导班子理论学习中心组学习制度》《网络办公管理规定》《民主党派履职经费管理办法》《会史宣讲团工作制度》等8项制度。2020年，对《民建青岛市委会制度汇编》进行全面修编，新增《民建青岛市委会网络办公管理规定（试行）》和《机关卫生安全管理》两项制度。通过制度建设，规范了民建青岛市委会机关各处室、各基层组织和专委会的日常工作流程。

三、科学管理，提升效能

民建青岛市委会开展机关数字化建设，新冠肺炎疫情期间，完善公文流转、视频会议、信息宣传等工作平台，积极开展网上办公，提高了机关运转效率和质量。在机关内部开展绩效考核，明确工作绩效、岗位职责和奋斗目标，增强工作责任感，进一步提高了机关的执行力。圆满承办民建中央理论研究委员会、经济委员会在青召开的工作会议，高标准承接民建中央、民建山东省委会领导来青调研考察的接待工作10余次，完成大型会务活动保障20余次。民建青岛市委会机关在各民主党派2017年度、2018年度、2019年度、2020年度绩效考核中获得优秀等次。2020年，民建青岛市委会机关被青岛市精神文明建设委员会办公室授予青岛市委文明单位标兵称号，民建青岛市委会还荣获民建中央全国先进集体荣誉称号。

四、广泛交流，拓展思路

民建青岛市委会参加全市民主党派机关建设经验交流会和党派机关秘书长联席会，借鉴其他党派先进经验和做法，推动机关各项工作的制度化、规范化。机关各处室积极发挥纽带作用，及时了解基层组织及专委会的动态，协调解决存在的问题，当好宣传员、服务员、联络员，确保市委会与基层、专委会联系沟通渠道的畅通。

第七节　会务活动

2017年5月7日，全国政协副主席、民建中央第一副主席马培华在青岛调研期间接见了在精准扶贫工作中做出贡献的青岛民建会员代表。山东省政协副主席、民建山东省委会主委郭爱玲，青岛市政协副主席、民建青岛市委会原主委于萍等陪同接见。

2017年5月18—19日，民建青岛市委会举办2017年民建新会员培训班。

2017年7月31日，民建青岛市委会在平度市南村镇西万家村举行同心思源广场竣工仪式。山东省政协副主席、民建山东省委会主委郭爱玲，中共青岛市委常委、统战部部长王久军共同为同心思源广场揭牌并讲话，参与同心思源广场建设的民建会员代表杜海辉、平度市市长李虎成先后发言，民建山东省委会副主委、青岛市委会主委陈增敬介绍了民建青岛市委会的精准扶贫工作情况和下一步的工作打算。

2017年，民建青岛市委会与来青的厦门、德州、黄山等地的民建市委会进行了会务交流。

2018年5月10日，民建青岛市委会召开纪念民建响应"五一口号"70周年座谈会。

2018年6月9—10日，上海合作组织成员国元首理事会第十八次会议在青岛举行。民建青岛市委会积极组织机关干部和广大会员投入服务保障青岛峰会的工作中，为峰会成功举办贡献了力量。据不完全统计，青岛民建共有2名班子成员、12个基层组织、6家会员企业、近百名会员和4名机关干部参与了峰会的服务保障工作，涉及峰会的主会场空气质量、医疗保健、食品卫生、法律服务、产品赞助、基础设施规划设计、城市客运、治安维稳等方面，各基层还组织了各种迎峰会进社区志愿服务活动。

2018年11月8日，民建青岛市委会在胶州举办全市解放思想大讨论活动交流会及基层组织建设经验交流会。

2018年，民建青岛市委会赴贵阳、南昌与当地民建组织进行会务交流，与来青调研的宁夏、安徽、武汉、哈尔滨、曲阜、伊春、秦皇岛、新余、邯郸、邢台、绥化、玉林、六盘水等地的民建组织进行会务工作交流。

根据民建山东省委会意见，2019年1月28日，民建青岛市十二届八次常务委员会召开会议，研究通过了对高歌的处理意见并获民建山东省委会批准。鉴于高歌涉及相关案件，撤销其民建青岛市第十二届委员会副主委、委员职务并开除其中国民主建国会会籍。

2019年5月10日，全国政协常委、民建中央副主席兼秘书长李世杰来青调研民建市级组织建设情况并召开调研座谈会。中共青岛市委常委、统战部部长王久军，民建山东省委会秘书长范虎出席会议。民建山东省委会副主委、青岛市委会主委陈增敬等参加座谈。

2019年5月11日，由民建中央经济委员会和民建山东省委会主办，由民建青岛市委会和青岛西海岸新区承办的融合创新发展研讨会在青岛西海岸新区召开。全国政协常委、民建中央副主席兼秘书长李世杰，山东省政协副主席、民建山东省委会主委郭爱玲，中共青岛市委常委、统战部部长王久军，青岛市政协副市级领导、青岛中华职教社主任方漪等出席会议。与会专家围绕资产评估、法律体系建设、推进高质量发展、创新路径研究等提出了许多具有前瞻性和可操作性的意见、建议，并围绕海洋高端产业发展、提升制造业创新效率、央企与地方融合发展、引导基金发挥作用、先行先试制度政策探索等进行了深入研讨。

2019年8月1日，中共青岛市委在民主党派机关召开党外人士座谈会。座谈会前，中共山东省委常委、青岛市委书记王清宪走访了各民主党派机关，看望了机关工作人员。

2019年12月7日，民建青岛市委会领导班子召开"不忘合作初心，继续携手前进"主题教育活动专题民主生活会。民建山东省委会专职副主委于永晖等列席会议。

2019年12月27日，民建青岛市十二届五次全委（扩大）会议召开。增补孙红兵、李美玲、吕志果、曹丽辉、李翊为民建青岛市第十二届委员会委员。

2019年，民建青岛市委会与来青的重庆、内蒙古、南京、泰安、济南等地的民建组织进行了会务交流。

2020年6月4日，全国人大常委会副委员长、民建中央主席郝明金率调研组来青就"提升产业链现代化水平"在八大关小礼堂召开专题调研座谈会。中共青岛市委副书记、市长孟凡利，市人大常委会主任宋远方，市政协主席杨军参加了有关活动。中共青岛市委常委、统战部部长王久军，民建山东省委会专职副主委于永晖，民建山东省委会副主委、青岛市委会主委陈增敬，民建青岛市委会驻会副主席王继尚等全程陪同调研。在青调研期间，郝明金还接见了民建青岛市委会领导班子和机关干部，并合影留念。

2020年9月8日，民建青岛市委会与来青调研的民建太原市委会和民建襄阳市委会进行了会务交流。

2021年1月26日，青岛市政协第五期"倾听与商量"调研座谈会在歌尔全球研发中心举行，会议由民建青岛市委会驻会副主委王继尚主持，市政协副主席卞建平应邀到会。

2021年3月1日，中共青岛市委统战部、民建青岛市委会在中共青岛市委统战部会议室，专题召开民建会员企业家座谈会。中共青岛市委常委、统战部部长王久军与企业家座谈。

2021年4月2日，民建青岛市十二届七次全委会议召开。会议补选刘树国、张炳君、葛言华为民建青岛市第十二届常务委员会委员。

2021年4月2日，民建青岛市委会2021年工作部署会议召开。会议对新闻宣传、参政议政、组织建设、社会服务工作先进集体、先进个人、优秀成果等进行了表彰通报，受表彰的基层和会员代表在会上做了交流发言。

2021年4月2日，中共山东省委统战部分管日常工作的副部长李琥在中共青岛市委统战部分管日常工作的副部长陈大维的陪同下走访党派机关。民建山东省委会副主委、青岛市委会主委陈增敬向李琥介绍了民建的基本情况，民建青岛市委会驻会副主委王继尚、副主委刘龙江、秘书长陈成意、副巡视员王君亮陪同。

2021年4月14日，中共青岛市委统战部在西海岸新区举行"学党史、悟思想、跟党走"学习教育启动仪式。民建青岛市委会驻会副主委王继尚参加并代表各民主党派作表态发言。

2021年4月22日，青岛市工商联、民建青岛市委会、青岛市企业家协会、文商学院在汉卓酒店联合举办2021年青岛企业家创新发展论坛。民建青岛市委会驻会副主委王继尚出席并致辞。

2021年6月11日，为庆祝中国共产党成立100周年，由青岛市委统战部主办，各民主党派市委会和市工商联协办的"学党史、颂党恩、跟党走"全市统一战线庆祝中国共产党成立100周年文艺晚会，在青岛电视台800平方米演播大厅举行。民建山东省委会副主委、青岛市委会主委陈增敬，驻会副主委王继尚，秘书长陈成意以及20余名民建会员观看了演出。

2021年6月29日，由中共青岛市委统战部和各民主党派市委会联合主办的"百年谱华章·同心铸辉煌"——青岛市统一战线庆祝中国共产党成立100周年书画展在青岛美术馆开幕。中共青岛市委常委、统战部部长王久军应邀参加了开幕式并讲话。民建青岛市委会驻会副主委王继尚、秘书长陈成意及参展书画家出席开幕式。

2021年7月23日，青岛市召开各界人士庆祝中国共产党成立100周年座谈会暨党外人士座谈会，民建青岛市委会驻会副主委王继尚代表民建青岛市委会参会，围绕深入学习习近平总书记"七一"重要讲话精神发言，并就推动全市经济社会高质量发展提出意见、建议。

2021年7月26日，民建青岛市委会召开第十二届十八次常委（扩大）会议，认真学习习近平总书记在庆祝中国共产党成立100周年大会上的重要讲话精神，传达了民建山东省九届六次全委会精神，审议通过了《民建青岛市委会关于基层组织换届工作的意见》，通报了《民建青岛市委会专项民主监督工作方案》。

2021年8月16—20日，2021年度青岛市民主党派、工商联领导干部和无党派代表人士暑期读书班在莱西举办，民建青岛市委会全体班子成员参加了读书班。

2021年9月23日，民建青岛市委会在党派机关五楼多功能厅召开第十二届八次全委（扩大）会议，中共青岛市委统战部副部长、市侨办主任张辉到会并就会议推荐有关情况进行了说明。会议传达了上级关于市级组织换届工作会议的精神，通报了《民建青岛市委会2021年换届工作方案》和《民建青岛市第十三次代表大会代表产生办法及名额分配方案》。会前，召开了民建青岛市第十二届十九次常委会。

2021年9月15日和17日，民建青岛市委会课题组分别赴西海岸新区、胶州市围绕"项目落地年"开展专项民主监督调研。民建青岛市委会驻会副主委王继尚、副主委孔令华参加了调研活动。

2021年10月31日，民建青岛市十二届九次全委会在党派机关五楼多功能厅召开，审议通过了民建青岛市第十三次代表大会相关文件。

2021年，民建青岛市委会与来青的包头、常州、黑龙江、新疆等地民建组织进行了会务交流。

附 录

民建青岛市委会历届主任委员简介

黄元吉同志简介

黄元吉（1897—1969），男，江西九江人。1950年加入中国民主建国会。历任民建青岛市分会筹备处主任，民建中央总会委员会青岛市分会主任委员，民建青岛市委会第一届主任委员，民建山东省第一届工作委员会副主任委员，民建第一届中央委员会委员。

1917年毕业于武昌文华大学。1918年考取公费留学生，就读于美国耶鲁大学经济系。1923年大学毕业，获硕士学位，在福特汽车工厂工作。1925年回国，先后在北京师范大学、朝阳大学任教，讲授经济学、工商管理学等课程。1926年在北京海关总署《经济月刊》社任编辑。1928年去上海，历任上海银行支行主任、副襄理、经理等职。1947年到青岛，任上海银行青岛分行经理。青岛解放后，继任上海银行青岛分行经理，先后当选为青岛市工商业联合会第一、二届主任委员。1949年后，任山东省工商业联合会副主任委员、中华全国工商业联合会执行委员。是青岛市各界人民代表会议代表，青岛市第一、二届人大代表，山东省第一届人大代表，政协山东省第一届委员会常委，青岛市人民政府、青岛市人民委员会委员。

陈孟元同志简介

陈孟元（1894—1963），男，名嗣宗，山东莱州人。1951年12月加入民建。历任民建青岛市分会副主任委员，民建青岛市第一届委员会副主任委员，民建青岛市第二届委员会主任委员，民建山东省第二、三届工作委员会副主任委员。

1910—1928年在黑龙江边黑河小镇双合盛店铺学习经商。1928年在沈阳开设聚丰福印刷厂，创办太阳烟草公司。1934年到青岛创建阳本印染厂，后又陆续创办沈阳聚丰福印刷局、上海翠化工厂、抚顺造纸公司、抚顺太阳制胶厂、天津华阳烟草公司等企业。1938年为避免与日本人"合作"，到莱州、沈阳匿居，1946年回青岛恢复了阳本印染厂的生产。历任青岛市人民政府副市长，第三至第五届青岛市各界人民代表会议协商委员会副主席，政协青岛市第二、三届委员会副主席，青岛市第一至第五届人大代表，青岛市第三至第五届人民政府委员，山东省第一、二届人大代表，山东省第一、二届人民委员会委员，中华全国工商业联合会执委，全国第一、二届人大代表。

马绪涛同志简介

马绪涛（1924—1995），男，浙江奉化人。1956年3月加入民建。历任民建青岛市第三至第七届委员会主任委员，民建山东省第一至第四届委员会副主任委员，民建第三至第六届中央委员会委员。

1943年9月就读于上海复旦大学土木工程系。1947年8月任青岛工务局技术室技佐。1948年12月任青岛新慎记营造厂工程师。1956年1月任青岛合营建筑公司副经理。1958年8月任青岛建筑工程公司工区副主任。1961年、1962年被青岛市人民政府和青岛市建工局分别授予青岛市社会主义建设先进工作者称号。1963年10月调任青岛市政协副秘书长，并任政协青岛市第三、四届常委。1966年1月任青岛市工商业联合会第四届副主任委员，第五、六届主任委员，第七届名誉主任委员。1978年7月起历任政协青岛市第五、六、七届副主席。1988年1月任山东省第七、八届人大常委会副主任。1993年3月兼任青岛市第十一届人大常委会副主任。

1995年10月27日，因病去世。1996年9月8日，中共山东省委做出《关于开展向马绪涛同志学习活动的决定》。

冯士筰同志简介

冯士筰，男，1937年3月生，天津人。1996年1月加入民建。历任民建青岛市第七、八届委员会主任委员，民建山东省第五届委员会副主任委员，民建第七、八届中央委员会委员、常委。第九、十届全国政协委员。

1956年9月至1962年7月在清华大学工程力学数学系流体力学专业学习。1962年7月至1983年6月在山东海洋学院（今中国海洋大学）海洋水文与海洋气象系历任助教、讲师、副教授。1983年6月至1984年6月为美国地质局水资源中心高级访问学者。1984年6月至今在中国海洋大学历任教授、所长、博士生导师、海洋环境学院院长、副校长。2001年2月至2005年9月兼任浙江海洋学院院长。1996年起，担任过全国政协委员、青岛市政协第九届委员会副主席；国务院学位委员会海洋科学评议组组长，全国博士后管委会学科专家组成员，中国博士后科学基金会学科专家组成员，教育部高等学校海洋科学与工程类专业教学指导委员会主任委员，国家教委科学技术委员会地学部副组长，山东省学位委员会委员，山东省自然科学基金委员会委员、地球科学组组长，美国科学促进学会（AAAS）国际成员，国家海洋物理科学协会（IAPSO）和海洋研究科学委员会（SCOR）中国委员会委员，世界大洋环流试验（WOCE）中国委员会委员兼专家组副组长，中国海洋湖沼学会常务理事，中国海洋湖沼学会计算海洋物理专业委员会主任，中国风暴潮及海啸研究会理事长，山东省力学学会副理事长，中国力学学会理事。

在国内外刊物发表论文70余篇。论文《浅海风暴潮动力机制和预报方法的研究》《拉格朗日余流和长期输运过程的研究——一种三维空间弱非线性理论》分获国家自然科学三等奖；专著《风暴潮导论》获全国优秀科技图书一等奖；主持的"风暴潮数值预报研究"获国家"七五"科技攻关重大成果奖；合作主编的《海洋科学导论》获全国普通高等学校优秀教材一等奖。教学成果多次获全国教学优秀成果二等奖。1988年获山东省专业技术拔尖人才称号，1990年被人事部授予"中青年有突出贡献专家"称号，1991年起享受国务院政府特殊津贴，1997年10月当选为中国科学院院士。

顾枫同志简介

顾枫（1954—2010），男，辽宁省绥中县人。1996年12月加入民建。历任民建青岛市第八届委员会副主任委员，第九、十届主任委员；民建山东省第六、七届委员会副主任委员。

1971年5月至1974年10月在内蒙古生产建设兵团当兵。1974年10月至1977年10月就读于中南工业大学。1977年10月至1978年10月在内蒙古冶金研究所担任技术员。1978年10月至1982年1月在中南工业大学攻读研究生。1982年1月至1985年7月在山东冶金工业学院担任教师。1985年7月至1993年7月在青岛冶金矿山大学担任教务处长、系主任（1987年6月至1988年7月到英国坎博恩矿业学院访学）。1993年7月至1997年12月担任青岛保税区管委副主任。1997年12月至2003年2月担任即墨市政府副市长。2003年2月至2007年11月担任青岛市政协副主席、即墨市政府副市长。2007年11月至2010年9月担任青岛市政协副主席、民建青岛市委主委。2010年9月因病去世。

于萍同志简介

于萍，女，1956年11月生，山东青岛人。2000年加入民建。历任民建青岛市第十届委员会副主任委员，民建青岛市第十、十一届委员会主任委员；民建山东省第八届委员会副主任委员。

1976年8月至1978年12月在青岛崂山区王戈庄当知青。1978年12月至1989年9月为青岛电子元件一厂助理经济师。1989年9月至1991年3月担任青岛台东区妇联干部。1991年3月至1998年11月担任青岛四方区人民法院书记员、助理审判员、审判员、办公室副主任、办公室主任。1998年11月至2003年1月担任青岛四方区司法局副局长。2003年1月至2006年11月担任青岛四方区政协副主席。2006年11月至2007年11月担任民建青岛市委会副主委（驻会）。2007年11月至2011年9月担任青岛市人民检察院副检察长，2011年9月补选为民建青岛市第十届主任委员。2011年9月至2015年2月担任青岛市人民检察院副检察长（正局级），2015年2月当选为青岛市政协副主席。2017年9月担任青岛市人民政协理论研究会第三届理事会会长。2018年4月被聘为山东省人民政府参事。

陈增敬同志简介

陈增敬，男，1961年9月生，山东招远人。博士，教授。2006年9月加入民建，历任民建青岛市第十二届委员会主任委员，民建第九、十、十一届中央委员会委员，民建山东省第九届委员会副主任委员，第十三届全国政协委员。

1979年9月至1983年6月在山东师范大学数学系数学专业学习，并获学士学位。1985年8月至1988年1月在中国纺织大学应用数学专业学习，并获硕士学位。1995年9月至1998年6月在山东大学应用数学专业学习，并获博士学位。1983年7月至1985年7月在山东省烟台市第十一中学任教。1988年2月至1995年8月在山东大学任教。1998年11月至1999年10月在法国国家自动化研究所做博士后研究。1999年11月至2003年10月在加拿大西安大略大学做访问学者。2000年至今任山东大学教授。2003年11月至2012年12月任山东大学数学学院副院长。2012年12月至今任山东大学金融研究院院长。2015年12月至今任山东大学数学学院院长。

主要从事资本资产定价和金融风险的计量研究，在国内外顶级刊物发表论文60多篇，其中与著名经济学家Epstein合作的论文 *Ambiguity, Risk and Asset Returns in Continuous Time*，发展了诺贝尔经济奖获得者Lucas的定价模型，是内地（祖国大陆）学者第一篇发表在国际顶级经济期刊 *Econometrica*（计量经济学）上的论文，论文中建立的资本资产定价模型被同行称为"Chen-Epstein"（陈-艾博斯坦）模型，受到了两位诺贝尔经济奖获得者的多次引用和好评。

2003年荣获国家杰出青年基金；2004年入选人事部"新世纪百千万人才工程"国家级人选；2004年为教育部"长江学者"特聘教授；2005年享受国务院政府特殊津贴；2009年获国家教学成果二等奖；2011年获第十四届孙冶方经济科学奖（首位）；2015年获国家自然科学二等奖（独立）；2016年获第七届"全国优秀科技工作者"称号。

中国民主建国会青岛地方组织领导成员一览表
（1951年5月至2021年10月）

组织名称	时间	主任委员	副主任委员	秘书长	常务委员	委员
民建青岛市分会筹备委员会	1951年5月	黄元吉	刘涤生			黄元吉 刘涤生 崔岩 范澄川 葛慎修 迟谦若 张克俊 李腾蛟 杨浩春
民建青岛市分会委员会	1954年3月	黄元吉	南竹泉 葛慎修 陈孟元（1955年5月南竹泉调职离青，递补）吴大琨 崔继英			黄元吉 吴大琨 周志俊 南竹泉 高振昆 崔岩 崔继英 张克俊 陈孟元 葛慎修 迟子铮 刘启堂 杨浩春 迟谦若（1954年12月递补）
民建青岛市第一届委员会	1956年5月	黄元吉（1957年7月因反右派斗争扩大化被撤职）陈孟元（1957年7月补选）	崔继英 葛慎修 吴大琨 陈孟元 徐文园（1957年7月补选）	杨浩春	黄元吉 吴大琨 李功九 周棣轩 崔岩 崔继英 陈孟元 迟子铮 杨浩春 葛慎修	黄元吉 王铁群 李功九 杜均震 吴大琨 周志俊 周棣轩 侯光春 胡钦之 胡辕五 徐文园 徐绍武 高振昆 崔岩 崔继英 陈孟元 陆其康 张克俊 杨浩春 葛慎修 刘启堂 迟子铮 迟序程 迟谦若 肖钰卿
民建青岛市第二届委员会	1958年12月	陈孟元	徐文园 刘彬	李功九	陈孟元 徐文园 刘彬 李功九 刘宇光 孙鸿正 杜均震 周棣轩 杨浩春	陈孟元 徐文园 刘彬 李功九 刘宇光 孙鸿正 杜均震 周棣轩 杨浩春 王汇森 王鹏阁 马绪涛 刘启堂 刘宇光 吕广海 刘贤宝 宋祖华 邹香圃 邹子丰 潘海青 金宝兴 迟谦若 侯光春 戚文轩 童昌基

续表

组织名称	时间	主任委员	副主任委员	秘书长	常务委员	委员
民建青岛市第三届委员会	1963年5月	陈孟元（1963年12月去世）马绪涛（1966年年初补选）	徐文园（1964年6月调省两会）杨添锦 孙鸿正 侯光春（1966年年初补选）	马绪涛 张积金（1966年年初补选）	陈孟元 徐文园 杨添锦 孙鸿正 马绪涛 刘宇光 周棣轩 杜均寰 刘启堂 侯光春 杨浩春 张积金（1966年年初补选）	陈孟元 杨添锦 孙鸿正 马绪涛 刘宇光 刘宇光 徐文园 杜均寰 刘贤宝 金宝兴 于汇森 于汇森 周棣轩 肖任卿 威文轩 邹香圃 邹子丰 刘启堂 孙级三 威文轩 杨浩春 童昌基 史向荣 潘海青 沈谦若 徐时敏 刘松溪 杨费周 周岱东 许世英
民建青岛市第四届委员会	1980年11月	马绪涛	张积金 谭良 孙鸿正 侯光春	张积金（兼）	马绪涛 王景伍 刘启堂 孙鸿正 杜异寰 杜均寰 张积金 杨浩春 周棣轩 金宝兴 侯光春 威文轩 谭良	于汇森 刘启堂 门彩亭 王景伍 刘启堂 曲际良 史向荣 许世英 巩传篆 杜异寰 杜均寰 史诚杰 张诚杰 杨文炳 杨浩春 周棣轩 胡辑五 邹子丰 郑永海 侯光春 袁嘉绪 威文轩 高尚鉴 崔伟贤 童昌基 满如川 谭良
民建青岛市第五届委员会	1984年3月	马绪涛	孙鸿正 张积金 侯光春 陈锡早（1986年12月补选）	张积金（兼）王礼溥（1988年6月补选）	于文卿 马绪涛 王景伍 王九令 孙鸿正 刘启堂 牟秀云 张积金 杜异寰 金宝兴 杨浩春 宗烂卿 侯光春 高尚鉴 威文轩 陈锡早（1986年12月补选）王礼溥（1988年6月补选）	于文卿 孙鸿正 巩传篆 金宝兴 唐国礼 贾子修 满如川 王礼溥（1986年12月增补）郭蓟涛 门彩亭 刘承鑫 牟秀云 宗烂卿 高尚鉴 陈锡早 燕乔智 金 娟（1988年10月增补）王九令 史向荣 刘贤宝 张积金 郑永海 高尚鉴 陈锡早 朱少卿（1988年10月增补）王新德 曲际良 杜异寰 邹子丰 孟宪榜 郑永海 高尚鉴 威其安 王新德 曲际良 杨慈 胡辑五 威其安
民建青岛市第六届委员会	1989年5月	马绪涛	张积金 刘启堂 李蓟梓	王礼溥	马绪涛 张积金 李蓟梓 王礼溥 王九令 刘启堂 金 娟 金宝兴 朱少卿 杨浩春 张振荣 宗烂卿 薛孝明 高尚鉴 曹培秋	马绪涛 付宝田 史向荣 马端标 王礼溥 刘昭珊 王新德 王安林 史向荣 刘启堂 刘贤宝 李少卿 朱心声 刘启堂 刘应林 孙贵宝 朱少卿 李心声 李蓟梓 李福田 李致义 张积金 杨克忠 张礼铭 李蓟梓 张振荣 金 娟 金宝兴 杨浩春 张正墨 宗烂卿 郑永海 孟宪榜 胡辑五 唐金秀 杨浩春 宗烂卿 郑永海 高尚鉴 曹培秋 曾亚南 郭蓟涛 龚祖良 薛孝明

续表

组织名称	时间	主任委员	副主任委员	秘书长	常务委员	委员
民建青岛市第七届委员会	1992年6月	马绪涛（1995年10月去世）冯士佐（1996年2月补选）	张积金 李荫梓 王礼溥 曹培秋	王礼溥（兼）吴德仁（1993年9月补选）	冯士佐 王礼溥 朱少卿 薛孝明 李荫梓 李威同 金娟 丁锜 孙宪悌 马绪涛 曹培秋 邢文润 杨克忠 刘应林 李心声 张积金 张振荣 张礼铭（1993年9月补选）	冯士佐 王礼溥 刘应林 吕家鹏 张积金 胡定昌 穆开明 丁锜 付宝田 朱少卿 李炳善 张礼铭 贾波 薛孝明 马安林 孙宪悌 邢文润 李心声 张正璧 殷家骐 鲜燕 马绪涛 孙贵宝 陈天鹏 李信三 张振荣 龚祖良 吴德仁 马端标 丛培发 陈元鄣 李荫梓 金娟 曹培秋 戴礼森 刘昭珊 卢延岁 李威同 杨克忠 曾亚南（1993年9月补选）
民建青岛市第八届委员会	1997年3月	冯士佐	李荫梓 王礼溥 顾枫 丁锜（1998年5月补选为常务副主委）巩乃炙（2001年3月补选）	李荫梓（兼）张永昌（1998年5月补选）	冯士佐 王礼溥 顾枫 亓久平 张礼铭 张永昌 丁锜 倪志涛 刘中华 焦志谦 李荫梓 高大材 金娟 王若雄 王礼溥 王宁 韩亚坤 孙宪悌 王继尚（2001年3月增补）	冯士佐 王秋卫 刘中华 张礼铭 贾乐理 高大材 丁锜 付宝田 陈天鹏 张志成 程利荣 臧贻财（2001年3月增补）亓久平 巩乃炙 李昌江 张永昌 焦志谦 王若雄 王礼溥 生显卿 李荫梓 杨乃端 顾枫 穆开明 王宁 李信三 金娟 韩亚坤 王若雄 王曰顺 从培发 李荫梓 金娟 韩亚坤 王继尚 王礼溥 孙宪悌 朱顺礼 倪志涛 段家骐 王继尚
民建青岛市第九届委员会	2002年1月	顾枫	巩乃炙 亓久平 王宁	林志群	亓久平 巩乃炙 李素萍 顾枫 王宁 刘中华 张素萍 倪志涛 枫 王若雄 孙宪悌 林志群 焦志谦 王继尚 陈天鹏 姜志荣 韩亚坤	亓久平 付宝田 孙锡英 李素萍 臧增伟 贾乐理 穆开明 王宁 生显卿 吕咸民 李昌江 李志荣 姜志谦 焦志谦 王若雄 巩乃炙 邢雷 杨乃端 顾枫 韩亚坤 王继尚 刘中华 陈天鹏 朱顺礼 张顺来 倪志涛 程利荣 王军 刘伟 江韬 林志群 徐征 董福强 臧贻财 王淑新 孙宪悌 陈天鹏 赵领嫌 高旭

续表

组织名称	时间	主任委员	副主任委员	秘书长	常务委员	委员
民建青岛市第十届委员会	2006年12月	顾枫（2010年9月去世）于萍（2011年9月补选）	于萍 亓久平 王宁 高歌（2011年9月增补）	董福强	王宁 亓久平 于萍 顾枫 高歌 巩乃炎 陈天鹏 刘常青 王若雄 韩亚坤 高歌 董福强 林志群 李素萍 郝逸 姜志荣 王继尚 孙晋华（2011年9月增补）	王金生 王军 王宁 亓久平 于建军 于萍 史宏宇 孔令华 尤利 王淑新 王继尚 王若雄 李江 孙晋华 刘常青 刘展蓉 巩乃炎 邢华昌 吴联荣 杨乃瑞 李素萍 李佰光 李国樑 李鹏 姜志荣 郝逸 赵增伟 赵领娣 林志群 陈天鹏 曾学锋 韩亚坤 董福强 徐征 倪志涛 顾枫 高歌 曾征 穆开明（2011年9月增补）
民建青岛市第十一届委员会	2011年11月	于萍	王继尚 高歌 姜志荣 李江	陈成意	于萍 王继尚 高歌 姜志荣 李江 陈成意 倪志涛 林志群 董福强 陈天鹏 孙晋华 刘常青 郝逸 李素萍 汪岷 孔令华 董锡全	王思成 刘展蓉 王宝海 吕伟烈 杜海辉 李素萍 汪岷 赵玮 赵领娣 高歌 王金生 王静 邢华昌 纪家强 孙晋华 李国樑 林志群 倪志涛 姜雷 董福强 徐征 王茹 王颜刚 刘笑蕾 孙晋华 李鹏 陈天鹏 姜志荣 董锡全 于萍 王继尚 刘常青 李江 张宝良 陈成意 郝逸 唐田
民建青岛市第十二届委员会	2017年1月	陈增敬	王继尚 高歌（2019年1月撤销职务）姜志荣 刘龙江 孔令华	陈成意	王继尚 高歌（2019年1月撤销职务）姜志荣 刘龙江 孔令华 李永军 陈增敬（2021年4月撤销职务）郝逸 刘颜刚 汪岷 王颜刚 刘春花 张树君（2021年4月补选）董锡全 葛旻华（2021年4月补选）	史宏宇 刘建栋 孙芳龙 李朔（2019年12月补选）孙红兵 杜海龙 罗铁 贾全国 曹丽 石志强 刘春花 杜海辉 李美羚 陈增敬 姜志荣 赵广俊 唐田 董福强 薛平 孔令华 刘龙江 李永京 陈赞 郝雁 赵逸 唐（2019年1月撤销职务）崔先会 薛田 王颜刚 孙晋华 刘端金 来文京 胡雁 高歌（2019年12月补选）董锡全 王静（2019年12月补选）刘笑蕾 孙晋华 刘端金 孙富强 李永军 郑丹 高歌 辉（2019年12月补选）

171

民建青岛市委会监督委员会成员一览表

组织名称	时间	主任	副主任	委员			
民建青岛市第十二届委员会监督委员会	2018年12月14日	孔令华	刘展蓉 孙芳龙 王君亮	张建华 陈 赞 蔡颖雯	张 波 杜丽丽 张丽娜	崔宪会 孙文良 李在岩	唐 田 盛会亮

民建青岛市委会基层组织沿革

（截至2021年10月31日）

一、民建市南区基层委员会

1. 民建市南区支部

1956年9月2日，民建青岛市委会在市南区成立了一个以百货、绸布商业会员为主的行业性很强的市南区第一支部和综合性的市南区第二支部。

2. 民建市南区办事处

1982年7月10日，民建市南区办事处成立。

主任：杨浩春

副主任：袁嘉绪、金宝兴、许世英

3. 民建市南区第一届总支部委员会

1990年5月8日，民建市南区第一次会员代表大会召开，选举产生了民建市南区总支部委员会。

名誉主任：杨浩春

主任：曹培秋

副主任：袁嘉绪、张礼铭、薛孝明

委员：王鸿英、孙杰、迟子铮、苏宝明、程守恭

4. 民建市南区第二届总支部委员会

1993年9月7日，民建市南区第二次会员代表大会召开，选举产生了民建市南区第二届总支部委员会。

主任：张礼铭

副主任：袁嘉绪、苏宝明、孙杰

委员：王鸿英、孙文选、成林荣、陈建德、郑永海、程守恭

5. 民建市南区第三届总支部委员会

1996年7月30日，民建市南区第三次会员代表大会召开，选举产生了民建

市南区第三届总支部委员会。

主任：张礼铭

副主任：袁嘉绪、苏宝明、孙杰、成林荣、陈建德

1997年11月28日，民建市南区召开届中调整班子会议，倪志涛当选为民建市南区总支部委员会主任，成林荣当选为总支部委员会常务副主任。

1998年9月24日，增补杨晶平、董福强为民建市南区总支部委员会副主任，逄增约、衣瑞英为总支部委员会委员。

6.民建市南区第四届总支部委员会

1999年5月6日，民建市南区第四次会员代表大会召开，选举产生了民建市南区第四届总支部委员会。

主任：倪志涛

副主任：成林荣、孙杰、杨晶平、董福强、王吉光

委员：陈建德、衣瑞英、生显卿、逄增约、孙文选、李庆彪、刘时凤

7.民建市南区第五届基层委员会

2002年10月28日，民建市南区第五次会员代表大会召开，选举产生了民建市南区第五届基层委员会。

主任：倪志涛

常务副主任：董福强

副主任：杨晶平、孙杰、邢雷、刘时凤、李燕、李鹏、吴秀美

委员：王吉光、车敏、刘安乐、衣瑞英、吕咸民、李昌江、钟世臣、逄增约

8.民建市南区第六届基层委员会

2007年8月16日，民建市南区第六次会员代表大会召开，选举产生了民建市南区第六届基层委员会。

主任：倪志涛

副主任：曾学锋、刘建栋、刘安乐、李鹏、张青、尤利

委员：杨晶平、李燕、吴秀美、车敏、王建华、张建华、刘锐、孙芳龙

9.民建市南区第七届基层委员会

2012年12月30日，民建市南区第七次会员代表大会召开，选举产生了民建市南区第七届基层委员会。

主委：李江（民建青岛市委会任命李江兼任民建崂山区第四届委员会主任

委员）

副主委：张青、杨乃瑞、赵广俊、王静、王建华、张建华、李曰锋

委员：吴秀美、谭春、王茹、张玲玲、王咏波、李增河、杨振岭、国丰华、刘玉娣、何湧、仲荣

10.民建市南区第八届基层委员会

2017年4月6日，民建市南区第八次会员代表大会召开，选举产生了民建市南区第八届基层委员会。

主委：刘树国

副主委：张建华、胡雁、谭春、王茹、国丰华、刘卫华、王天林

委员：徐永忠、何湧、孙志海、颜勇、贝志宏、李杰、耿晓、刘玉娣、陈珊、刘朝霞、唐海

顾问：李江、杨晶平

2018年12月19日，民建市南区八届八次全委（扩大）会议增补唐海为区委副主委。

11.民建市南区第九届基层委员会

2021年10月26日，民建市南区第九次会员代表大会召开，选举产生了民建市南区第九届基层委员会。

主委：刘树国

副主委：王茹、国丰华、王天林、刘树吉、单伟、李杰、陈珊、李锋

委员：邓波、陈雷、柴恩旺、丁玉峰、王炎、相俊、刘晓莹、于广渊、刘洋、李杰、贾文桢、史常良

二、民建市北区基层委员会

（一）原民建台东区总支部委员会

1.民建台东区支部

1955年，台东区成立染织业支部。

2.民建台东区办事处

1982年6月4日，民建台东区办事处成立。

主任：侯光春

副主任：于文卿、戚文轩、王景伍、王秀英

3.民建台东区第一届总支部委员会

1990年6月5日，民建台东区第一次会员代表大会召开，选举产生了民建台东区第一届总支部委员会。

名誉主任：于文卿

主任：陈锡旦

副主任：王衍林、胡克昌

委员：王趾仁、毛瑞禧、陈镜明、高俊鸿、曾亚南

4.民建台东区第二届总支部委员会

1993年9月，民建台东区第二次会员代表大会召开，选举产生了民建台东区第二届总支部委员会。

名誉主任：于文卿

主任：陈锡旦

副主任：王衍林、高俊鸿

委员：王趾仁、王晓春、史向荣、刘学武、庞延民、陈镜明

1994年台东区合并到市北区，民建台东区总支部委员会停止工作。

（二）原民建四方区基层委员会

1.民建四方区支部

1956年8月25日，民建四方区支部成立。

主任：谢恩光

副主任：姜宝善

阳本印染公司归台东区，晁益轩（时任四方区人委副区长）同志接任民建四方区支部主任职务。

2.1978年年底民建四方区支部恢复组织和活动

主任：于汇霖

3.民建四方区办事处

1982年7月16日，民建四方区办事处成立。与工商联合署办公。

主任：于汇霖

副主任：栾崇毅、付宝田、范林福、王玉华

4.民建四方区第一届总支部委员会

1990年5月16日，民建四方区第一次会员代表大会在人民路四方区委礼堂

召开，选举产生了民建四方区第一届总支部委员会。

名誉主任：于汇霖

主任：李心声

副主任：付宝田、范林福

委员：李厚基、宫业勋、龚祖良、陈元璋、苏连生

5. 民建四方区第二届总支部委员会

1993年7月15日，民建四方区第二次会员代表大会召开，选举产生了民建四方区第二届总支部委员会。

主任：于汇霖

副主任：付宝田、范林福、陈元璋

6. 民建四方区第三届总支部委员会

1996年8月15日，民建四方区第三次会员代表大会召开，选举产生了民建四方区第三届总支部委员会。

名誉主任：于汇霖

主任：高大才

副主任：付宝田、范林福、陈元璋、陈昌时、高旭

7. 民建四方区第四届总支部委员会

1999年5月25日，民建四方区第四次会员代表大会召开，选举产生了民建四方区第四届总支部委员会。

主任：高大才（四方区工商联主任）

副主任：付宝田、范林福、陈元璋、陈昌时、高旭

委员：李厚基、李婉华、孙振新、张家恩、张立全、张树民、陈汝滨

8. 民建四方区第五届基层委员会

2002年9月24日，民建四方区第五次会员代表大会召开，选举产生了民建四方区第五届基层委员会。

主任：付宝田

副主任：徐征、陈昌时、高旭、张树民

9. 民建四方区第六届基层委员会

2007年8月10日，民建四方区第六次会员代表大会召开，选举产生了民建四方区第六届基层委员会。

主任：高大才

副主任：徐征、单伟、刘树国、孙大琪、王兴国

委员：刘娟、张树民、吴联国、刘笑蕾、董锡全、郑春先、王翠

（三）原民建市北区基层委员会

1.民建市北区办事处

1982年7月3日，民建市北区办事处成立。

主任：杜筠环

副主任：杜异慈、姚敏

2.民建市北区第一届总支部委员会

1990年4月30日，民建市北区第一次会员代表大会召开，选举产生了民建市北区总支部委员会。

名誉主任：杜筠环

主任：丁锜

副主任：马安林、孙宪悌

委员：李炳善、李致义、邹子丰、蒋国清、曹井泊

3.民建市北区第二届总支部委员会

1993年9月，民建市北区第二次会员代表大会召开，选举产生了民建市北区第二届总支部委员会。

主任：丁锜

副主任：马安林、孙圣俊

委员：邹子丰、邵素秀、李炳善、李振庚、蒋国清

1994年台东区撤消，合并到市北区，民建台东区总支部委员会相关工作转入民建市北区总支部委员会。

1994年11月15日，民建市北区总支部委员会成员调整如下。

名誉主任：于文卿

主任：丁锜

副主任：陈锡旦、马安林、王衍林、孙圣俊、高俊鸿

委员：邹子丰、刘承鑫、邵素秀、王晓春、李炳善、史向荣、李振庚、刘学武、蒋国清、庞延民、陈镜明

4. 民建市北区第三届总支部委员会

1996年7月26日，民建市北区第三次会员代表大会召开，选举产生了民建市北区第三届总支部委员会。

主任：丁锜

副主任：陈锡旦、马安林、孙圣俊、高俊鸿

1997年5月，丁锜调民建青岛市委会工作，辞去民建市北区第三届总支部委员会主任职务，经民建青岛市委会批准，增补王曰顺为主任、孙锡英为副主任。

5. 民建市北区第四届总支部委员会

1999年4月16日，民建市北区第四次会员代表大会召开，选举产生了民建市北区第四届总支部委员会。

主任：张顺来

副主任：孙锡英、马安林、孙圣俊、王军、林志群

委员：高俊鸿、王晓春、邵素秀、刘学武、陈志波、蒋国清、王金生

顾问：王曰顺

6. 民建市北区第五届基层委员会

2002年11月6日，民建市北区第五次会员代表大会召开，选举产生了民建市北区第五届基层委员会。

主任：张顺来

副主任：孙锡英、王军、王金生、孔令华

委员：王晓春、王载伟、李建群、陈卫东、陈志波、刘新建、邵素秀、高俊鸿

7. 民建市北区第六届基层委员会

2007年7月13日，民建市北区第六次会员代表大会召开，选举产生了民建市北区第六届基层委员会。

主任：孙晋华

常务副主任：孙锡英

副主任：孔令华、王金生、刘展蓉、李国樑

委员：李建群、陈卫东、张宗亮、逄国敏、谢鑫、孙国臻、张蓉、杜海辉

（四）民建市北区基层委员会

1.民建市北区第一届基层委员会

2012年11月，青岛市市北区、四方区取消，合并成立新市北区。2012年12月30日，民建市北区第一次会员代表大会召开，选举产生了民建市北区第一届基层委员会。

主委：董锡全

副主委：刘树国、李国樑、孙大琪、彭小林、杜海辉、刘娟、孙国臻、赵小虎、周相山

委员：吴联国、胡菡、刘笑蕾、张蓉、郑春先、逄增伦、王翠、张波

2.民建市北区第二届基层委员会

2016年10月18日，民建市北区第二次会员代表大会召开，选举产生了民建市北区第二届基层委员会。

主委：董锡全

副主委：杜海辉、孙国臻、张波、彭小林、赵小虎、周相山、刘娟、张蓉

委员：王翠、乔俊喜、刘笑蕾、孙大琪、孙学峰、孙浩宁、吴联国、邱城琛、陈峰、国振杰、蔡一宠

2020年1月9日，杜海辉调任民建市直单位总支部委员会副主任委员（列王思成同志之前），不再担任民建市北区基层委员会副主任委员。

2021年1月7日，民建市北区基层委员会召开届中调整会议，杜海辉、赵小虎、张蓉不再担任民建市北区基层委员会副主任委员，选举邱承琛、蔡一宠、孙皓宁为民建市北区基层委员会副主任委员。

3.民建市北区第三届基层委员会

2021年10月26日下午，民建市北区第三次会员代表大会召开，选举产生了民建市北区第三届基层委员会。

主委：刘展蓉

副主委：张波、邱承琛、蔡一宠、孙皓宁、胡明波、张海珍、刘晓玮

委员：彭小林、孙国臻、孙大琪、刘笑蕾、孙豪、钟瑞刚、魏海峰、孙学峰、陈俊蕾、查检

三、民建李沧区基层委员会

1. 民建沧口区办事处

1982年6月5日，民建沧口区办事处成立。

主任：陈子俊

副主任：仇赞武、门采亭、宗烂卿

2. 民建沧口区第一届总支部委员会

1990年7月3日，民建沧口区第一次会员代表大会召开，选举产生了民建沧口区第一届总支部委员会。

主任：宗烂卿

副主任：张振荣、谭金山、刘昭珊

委员：孙贵宝、李福田、李信三、胡彩绪、杨松年

3. 民建沧口区第二届总支部委员会

1993年9月7日，民建沧口区第二次会员代表大会召开，选举产生了民建沧口区第二届总支部委员会。

主任：宗烂卿

副主任：张振荣、谭金山、李信三

委员：孙贵宝、李福田、赵汉江、张家俊、阚光霞

1994年6月，李沧区人民政府成立，民建沧口区总支部委员会随之改为民建李沧区总支部委员会。

民建李沧区第二届总支部委员会名单如下。

主任：宗烂卿

副主任：张振荣、谭金山、刘昭珊

委员：孙贵宝、李信三、李福田、杨松年

4. 民建李沧区第三届总支部委员会

1996年8月23日，民建李沧区第三次会员代表大会召开，选举产生了民建李沧区第三届总支部委员会。

名誉主任：宗烂卿

主任：韩亚坤

副主任：王淑新、王以岫、张振荣、谭金山、李信三

5.民建李沧区第四届总支部委员会

1999年6月30日，民建李沧区第四次会员代表大会召开，选举产生了民建李沧区第四届总支部委员会。

主任：韩亚坤

副主任：王淑新、贾乐理、王以岫、谭金山

委员：孙秀云、原文成、王诚、陈世烈、黄效东

6.民建李沧区第五届基层委员会

2002年10月31日，民建李沧区第五次会员代表大会召开，选举产生了民建李沧区第五届基层委员会。

主任：韩亚坤

副主任：贾乐理、王淑新、王以岫、薛书林（增补）

委员：王诚、邢文润、陈世烈、李冰宇、黄效东、谭金山、薛书林

7.民建李沧区第六届基层委员会

2007年7月3日，民建李沧区第六次会员代表大会召开，选举产生了民建李沧区第六届基层委员会。

主任：韩亚坤

副主任：邢华昌、王淑新、薛书林、贾乐理

委员：黄效东、孙正学、李冰宇、陈静、崔宪会、郑鉴

8.民建李沧区第七届基层委员会

2012年12月29日，民建李沧区第七次会员代表大会召开，选举产生了民建李沧区第七届基层委员会。

主委：孙晋华

副主委：邢华昌、薛书林、崔宪会、牛福娟、姜雷

委员：魏金宇、庞昱会、李学强、曲平、刘时胜、仝一民、李冰宇、郑鉴

9.民建李沧区第八届基层委员会

2016年10月22日，民建李沧区第八次会员代表大会召开，选举产生了民建李沧区第八届基层委员会。

主委：孙晋华

副主委：崔宪会、牛福娟、魏金宇、牛佳霖

委员：龙超、曲平、全东根、杜娟、李若郢、辛悦亮、殷鹏涛、诸葛鹏

云、鲍勇

四、民建黄岛区基层委员会

（一）原民建黄岛区基层委员会

1.民建黄岛区第一届联合支部委员会

1987年5月，民建黄岛区第一次会员大会召开，成立了民建黄岛区联合支部委员会。

主任：刘应林

副主任：刘洪柏

委员：吕家鹏

2.民建黄岛区第二届联合支部委员会

1989年5月，民建黄岛区第二次会员大会召开，选举产生了民建黄岛区第二届联合支部委员会。

主任：刘应林

副主任：侯双廉

委员：吕业利、韩莹

3.民建黄岛区第三届联合支部委员会

1992年6月，民建黄岛区第三次会员大会召开，选举产生了民建黄岛区第三届联合支部委员会。

主任：刘应林

副主任：侯双廉、董正洁、张梅村（届中增补）

委员：吕家鹏、韩莹、吕业利

4.民建黄岛区第一届总支部委员会

1995年11月15日，鉴于民建黄岛区联合支部的发展现状，经民建青岛市委会研究决定，将民建黄岛区联合支部升格为民建黄岛区总支部委员会。民建黄岛区第一次会员代表大会召开，成立了民建黄岛区第一届总支部委员会。

主任：刘应林

副主任：侯双廉、董正洁

委员：陈天鹏、吕家鹏、李英春

1997年10月8日，民建黄岛区第一届总支部委员会成员调整如下。

主任：巩乃炎

副主任：侯双廉、董正洁、韩莹

委员：吕业利、李英春、赵敏、张梅村、程玉教

5.民建黄岛区第二届总支部委员会

1999年10月28日，民建黄岛区第二次会员代表大会召开，选举产生了民建黄岛区第二届总支部委员会。

主任：巩乃炎

副主任：董正洁、韩莹、张梅村

委员：李英春、赵敏、管成波、程玉教、刘展蓉

6.民建黄岛区第一届基层委员会

2002年10月22日，民建黄岛区第三次会员代表大会召开，选举产生了民建黄岛区第一届基层委员会。

主任：刘展蓉

副主任：赵增伟、董正洁、张梅村、管成波

委员：韩莹、李迎春、李国琴、徐懿、孙维亮、张宝良

7.民建黄岛区第二届基层委员会

2004年3月，由于刘展蓉同志调青岛市区工作，辞去民建黄岛区基层委员会主任职务，民建黄岛区第二次会员代表大会召开，选举产生了民建黄岛区第二届基层委员会。

主任：赵增伟

副主任：董正洁、张梅村、管成波

委员：韩莹、李迎春、李国琴、徐懿、孙维亮、张宝良

8.民建黄岛区第三届基层委员会

2007年8月15日，民建黄岛区第三次会员代表大会召开，选举产生了民建黄岛区第三届基层委员会。

主任：刘常青

副主任：张梅村、张宝良、唐洪荣

委员：徐懿、董正洁、韩莹、孙维亮、高飞燕

2009年9月26日，民建黄岛区基层委员会召开会议，补选王迪业、王振利

为区委委员。

2012年1月，经民建青岛市委会批准，增补王迪业为民建黄岛区基层委员会副主任。

（二）民建黄岛区基层委员会

1. 民建黄岛区第一届基层委员会

2012年11月，青岛市进行区划调整，新黄岛区成立。2012年12月29日，民建黄岛区第一次会员代表大会召开，成立了民建黄岛区第一届基层委员会。

主委：刘常青

副主委：薛平、张宝良、唐洪荣、王迪业、单伟

委员：陈腾飞、陈赞、李克、高飞燕、王振利、岳军

2. 民建黄岛区第二届基层委员会

2016年10月17日，民建黄岛区第二次会员代表大会召开，选举产生了民建黄岛区第二届基层委员会。

主委：刘春花

副主委：薛平、王迪业、陈赞、李克、朱亚军、王振利

委员：王冉格、白树伟、师文桂、陈腾飞、岳军、赵建坤、谭春波、薛彩虹

顾问：刘常青

五、民建崂山区基层委员会

1. 民建崂山区支部委员会

1997年6月9日，民建崂山区会员大会召开，成立了民建崂山区（高科技工业园）支部委员会。

主任：亓久平

副主任：陈天鹏、王希魁

委员：王志武、马端标、沙恒金

2. 民建崂山区总支部委员会

1998年12月29日，民建崂山区第一次会员代表大会召开，成立了民建崂山区总支部委员会。

主任：亓久平

副主任：陈天鹏、王希魁

委员：沙恒金、李信三、阚志一

3.民建崂山区第二届基层委员会

2002年9月26日，民建崂山区第二次会员代表大会召开，选举产生了民建崂山区第二届基层委员会。

主任：陈天鹏

副主任：沙恒金、李昌、蔡燕萍

委员：刘卫华、王希魁、阚志一

4.民建崂山区第三届基层委员会

2007年6月27日，民建崂山区第三次会员代表大会召开，选举产生了民建崂山区第三届基层委员会。

主任：陈天鹏

副主任：孙宗玲、李昌、沙恒金、唐田

委员：董天祥、李晓辉、谢勤、李永欣、李恒光、刘卫华

5.民建崂山区第四届基层委员会

2012年12月22日，民建崂山区第四次会员代表大会召开，选举产生了民建崂山区第四届基层委员会。

主委：姜志荣（民建青岛市委会任命民建青岛市委会副主委姜志荣兼任民建崂山区第四届基层委员会主任委员）

副主委：孙宗玲、唐田

委员：董天祥、李晓辉、李永欣、王清、曹丽辉、杨云鹏

顾问：陈天鹏、沙恒金、李昌

6.民建崂山区第五届基层委员会

2017年3月7日，民建崂山区第五次会员代表大会召开，选举产生了民建崂山区第五届基层委员会。

主委：姜志荣（民建青岛市委会任命民建青岛市委会副主委姜志荣兼任民建崂山区第五届基层委员会主任委员）

副主委：唐田、张宗亮、赵广俊、李永欣、陈尚、杨云鹏

委员：王清、仝一民、匡新、刘永梅、杨懿、杨耀民、胡菡、常伟

2019年12月17日，民建崂山区第五届基层委员会召开届中调整会议，唐田、赵广俊、李鲁、朴阳园辞去区基层委员会职务，补选曹鹏利、徐国栋、杜

红岩、沈芳为民建崂山区基层委员会委员，补选曹鹏利、刘永梅为民建崂山区基层委员会副主任委员。

7. 民建崂山区第六届基层委员会

2021年9月29日下午，民建崂山区第六次会员代表大会召开，选举产生了民建崂山区第六届基层委员会。

主委：曹鹏利

副主委：杨云鹏、李永欣、刘永梅、李磊、沈芳、徐国栋、杨懿

委员：王言兴、王清、仝一民、曲春雁、江奎一、许征、杨耀民、郭鹏、常伟

六、民建城阳区基层委员会

1. 民建城阳区第一届支部委员会

1998年11月27日，民建城阳区第一次会员大会召开，成立了民建城阳区第一届支部委员会。

主任：纪毓存

副主任：孙九增

委员：王琴生、韩华礼、李永勤、曲娟华、刘树仁

2. 民建城阳区第二届支部委员会

2002年12月24日，民建城阳区第二次会员大会召开，选举产生了民建城阳区第二届支部委员会。

主任：郝逸

副主任：史全成

委员：郭园园、吴牧君

3. 民建城阳区第三届支部委员会

2007年8月13日，民建城阳区第三次会员大会召开，选举产生了民建城阳区第三届支部委员会。

主任：郝逸

委员：郭园园、籍英秦

4. 民建城阳区第一届基层委员会

2012年8月25日，民建城阳区基层委员会成立大会召开，成立了民建城阳

区第一届基层委员会。

主委：郝逸

副主委：纪家强

委员：郑龙镇、籍英秦、杜丽丽、陈文

5.民建城阳区第二届基层委员会

2017年3月2日，民建城阳区第二次会员大会召开，选举产生了民建城阳区第二届基层委员会。

主委：纪家强

副主委：杜丽丽、孙振坤

委员：郑龙镇、籍英秦、刘锐、孙建文、刘同义

顾问：郝逸、贾宝忠

七、民建即墨区基层委员会

（一）民建机关三支部委员会（即墨支部）

2012年11月30日，民建青岛市机关三支部（即墨支部）召开会员大会，成立了民建机关三支部委员会（即墨支部）。

主委：史宏宇

副主委：黄存清

委员：杨丰艳

（二）民建即墨区第一届基层委员会

2017年11月29日上午，民建即墨区会员大会召开，成立了民建即墨区第一届基层委员会。

主委：孙红兵

副主委：孙文良

委员：冯媛媛、刘可成、杨丰艳、袁海亮

顾问：史宏宇

八、民建市直单位总支部委员会（简称"民建市直总支"）

1.民建市直第一届总支部委员会

2007年11月，民建市直总支第一次会员代表大会召开，成立了民建市直第

一届总支部委员会。

主任：王继尚

副主任：李江、郭宁、刘红英

委员：陈成意、王思成、于兰、宋文京、赵文静、刘时凤

2. 民建市直第二届总支部委员会

2012年12月，民建市直总支第二次会员代表大会召开，选举产生了民建市直第二届总支部委员会。

主委：孔令华

副主委：胡兆启、王思成、王彦、姜峰

委员：丁启宣、王瑞、张志伟、姜和平、徐畅、王燕、张莉、朱亚军

3. 民建市直第三届总支部委员会

2016年9月，民建市直总支第三次会员代表大会召开，选举产生了民建市直第三届总支部委员会。

主委：孔令华

副主委：王思成、王彦、张志伟、张炳君、盛会亮

委员：王涛、王燕、艾松波、衣疆、刘佳音、杨宜民、李翊、张莉、姜和平

2019年1月，民建青岛市委会任命民建青岛市委会副主委刘龙江兼任民建市直单位总支部委员会主委，民建青岛市委会副主委孔令华不再兼任民建市直单位总支部委员会主委。2020年1月9日，杜海辉担任民建市直单位总支部委员会副主任委员（列王思成同志之前），不再担任民建市北区基层委员会副主任委员。

4. 民建市直第四届总支部委员会

2021年10月，民建青岛市直总支第四次会员代表大会召开，选举产生了民建市直第四届总支部委员会。

主委：杜海辉

副主委：逄国敏、张志伟、盛会亮、杨景荣、胡菡、刘佳音、刘炜

委员：王涛、衣疆、杨宜民、李翊、姜和平、张燕、黄静轶、董方、董聪政

九、民建青岛大学总支部委员会

1. 民建青岛大学第一届支部委员会

1995年11月，民建青岛大学第一届支部委员会成立。

主任：荣效洁

副主任：穆开明

2. 民建青岛大学第二届支部委员会

1999年7月，民建青岛大学会员大会召开，选举产生了民建青岛大学第二届支部委员会。

主任：荣效洁

委员：穆开明、程利荣

3. 民建青岛大学医学院支部委员会

1999年6月，民建青岛大学医学院支部委员会成立。

主任：王颜刚

委员：马红婷、王振林

4. 民建青岛大学一支部委员会（原民建青岛大学支部）

2002年9月，民建青岛大学一支部会员大会召开，选举产生了民建青岛大学一支部委员会。

主任：穆开明

委员：程利荣、殷效才

5. 民建青岛大学二支部委员会（原民建青岛大学医学院支部）

2002年11月，民建青岛大学医学院支部召开会员大会，选举产生了民建青岛大学二支部委员会。

主任：王颜刚

委员：马红婷、王振林、尚亚玲

6. 民建青岛大学第一届总支部委员会

2007年7月，民建青岛大学会员代表大会召开，成立了民建青岛大学第一届总支部委员会。

主任：姜志荣

副主任：李广民

委员：穆开明、王颜刚、刘敏

7. 民建青岛大学第二届总支部委员会

2012年11月，民建青岛大学会员代表大会召开，选举产生了民建青岛大学第二届总支部委员会。

主委：李广民

副主委：王颜刚

委员：欧斌、刘敏、王振光、于永龙、王丽娜

8. 民建青岛大学第三届总支部委员会

2016年10月，民建青岛大学总支部召开第三次会员代表大会，选举产生了民建青岛大学第三届总支部委员会。

主委：王颜刚

副主委：欧斌、王振光

委员：于永龙、冯卫华、王美、蔡颖雯、王炬香

顾问：李广民

9. 民建青岛大学第四届总支部委员会

2021年10月，民建青岛大学总支部第四次会员代表大会举行，选举产生了民建青岛大学第三届总支部委员会。

主委：蔡颖雯

副主委：王振光、于永龙、冯卫华

委员：王炬香、薄勇力、王美

十、民建中国海洋大学支部委员会

1. 民建青岛海洋大学第一届支部委员会

1999年7月，民建青岛海洋大学成立大会召开，成立了民建青岛海洋大学第一届支部委员会。

主任：田纪伟

委员：汪岷

2. 民建中国海洋大学第一届支部委员会

2002年7月，民建中国海洋大学支部第一次会员大会召开，支部更名为"民建中国海洋大学支部委员会"，选举产生了民建中国海洋大学第一届支部

委员会。

主任：田纪伟

委员：汪岷

3.民建中国海洋大学第二届支部委员会

2007年8月，民建中国海洋大学支部第二次会员大会召开，选举产生了民建中国海洋大学第二届支部委员会。

主任：汪岷

副主任：王玮

委员：梁云凤

4.民建中国海洋大学第三届支部委员会

2012年11月，民建中国海洋大学支部第三次会员大会召开，选举产生了民建中国海洋大学第三届支部委员会。

主委：汪岷

副主委：王玮、尹鹰

委员：刘兰

5.民建中国海洋大学第四届支部委员会

2017年10月，民建中国海洋大学支部第四次会员大会召开，选举产生了民建中国海洋大学第四届支部委员会。

主委：汪岷

副主委：王静芬

委员：刘兰

十一、民建青岛农业大学支部委员会

1.民建青岛农业大学第一届支部委员会

2007年10月，民建青岛农业大学第一次会员大会召开，成立了民建青岛农业大学第一届支部委员会。

主任：王宝海

副主任：姜桥

2.民建青岛农业大学第二届支部委员会

2012年10月，民建青岛农业大学第二次会员大会召开，选举产生了民建青岛农业大学第二届支部委员会。

主委：王宝海

副主委：郑丹、孙兆明

委员：张双灵、李秀丽

3. 民建青岛农业大学第三届支部委员会

2016年9月，民建青岛农业大学第三次会员大会召开，选举产生了民建青岛农业大学第三届支部委员会。

主委：郑丹

副主委：孙兆明、张双灵

委员：李秀丽、魏艳

顾问：王宝海

十二、民建中国石油大学（华东）支部委员会

1. 民建中国石油大学（华东）第一届支部委员会

2015年12月，民建中国石油大学（华东）支部委员会召开会员大会，成立了民建中国石油大学（华东）第一届支部委员会。

主委：石志强

副主委：黄朴

委员：赵海晖

2. 民建中国石油大学（华东）第二届支部委员会

2021年10月，民建中国石油大学（华东）支部委员会召开换届选举大会，选举产生了民建中国石油大学（华东）第二届支部委员会。

主委：石志强

副主委：黄朴

委员：赵海晖、韩民、王玉彬

十三、民建平度支部委员会

1. 民建平度支部第一届委员会

2016年8月，民建平度支部委员会召开成立大会，成立了民建平度支部第一届委员会。

主委：孙富强

副主委：李春亮

委员：吴文杰、于洪波、孙京信

2.民建平度支部第二届委员会

2021年9月15日，民建平度支部第二次会员大会召开，选举产生了民建平度支部第二届委员会。

主委：李春亮

副主委：孙京信、李龙

委员：仲玉翠、杜群利、崔磊、付伟

十四、民建莱西支部委员会

2017年11月29日，民建莱西支部成立大会召开，成立了民建莱西支部第一届委员会。

主委：李美玲

委员：周玉忠、张丽娜

十五、民建胶州支部委员会

2018年11月8日，民建胶州支部成立大会召开，成立了民建胶州支部第一届委员会。

主委：贾全国

副主委：李军

委员：陈敏

2020年1月15日，民建胶州支部委员会召开届中调整会议，补选陈敏为支部副主任委员，张玉珍和陈建军为支部委员。

十六、民建青岛科技大学支部委员会

2019年11月8日，民建青岛科技大学支部成立大会召开，成立了民建青岛科技大学支部第一届委员会。

主委：吕志果

副主委：耿晓

委员：刘永卓

十七、民建青岛市委会机关一支部委员会

（一）民建青岛市委会机关支部委员会

1.民建青岛市委会机关支部第一届委员会

2002年11月，民建青岛市委会机关支部会员大会召开，选举产生了民建青岛市委会机关支部第一届委员会。

主任：林志群

副主任：马元青

2.民建青岛市委会机关支部第二届委员会

2007年8月24日，民建青岛市委会机关支部会员大会召开，选举产生了民建青岛市委会机关支部第二届委员会。

主任：董福强

副主任：马元青

委员：钟评、高树青

（二）民建青岛市委会机关一支部委员会

1.民建青岛市委会机关一支部第一届委员会

2012年8月23日，民建青岛市委会机关一支部成立大会召开，选举产生了民建青岛市委会机关一支部第一届委员会。

主委：陈成意

副主委：谢鑫、马元青

委员：钟评、孙培良

2014年11月12日，民建青岛市委会机关一支部召开届中调整会议，马元青不再担任副主任委员职务，选举王君亮为副主任委员，全渊为委员。

2.民建青岛市委会机关一支部第二届委员会

2017年9月15日，民建青岛市委会机关一支部召开会员大会，选举产生了民建青岛市委会机关一支部第二届委员会。

主委：陈成意

副主委：谢鑫、曹丽辉

委员：全渊

十八、民建青岛市委会机关二支部委员会（胶南支部）

2011年12月28日，民建青岛市委机关二支部（胶南支部）成立大会召开，成立了民建青岛市委机关二支部委员会（胶南支部）。

主任：薛平

副主任：李克

委员：刘玲

2012年，因行政区划调整，胶南市与黄岛区合并为新的黄岛区，民建青岛市委会机关二支部委员会（胶南支部）会员随即划归黄岛区基层委员会，但一直保留机关二支部的组织机构。为进一步加强基层组织建设工作，民建青岛市委会对机关二支部进行了重组，采取主任委员轮值的方式任职，轮值期间为执行主任委员，其他时间为支部会员。自2014年至今，轮值主任委员分别为刘瑞金、李永军、魏继英、于伟。

（1）轮值主委：刘瑞金（2014—2016年）

副主委：曹丽辉

委员：汤占利、王媛媛

（2）轮值主委：李永军（2016—2017年）

副主委：王君亮

委员：汤占利、王媛媛

（3）轮值主委：魏继英（2017—2019年）

副主委：王君亮

委员：汤占利、王媛媛

（4）轮值主委：于伟（2019年至今）

副主委：王君亮

委员：汤占利、王媛媛

历届民建青岛市委会下设专门委员会一览表

届次	专委会名称	主任	副主任	委员
民建青岛市第二届委员会（1958年12月至1963年5月）	家属工作委员会	周世英	韩菊芬　许世英	王秀英　申詠淑　孙凌琦　孙韻秋　肖钰卿　武　毅　尚馥卿　姚　敏　唐金秀　唐玉清　杨秀青　杨志敏
民建青岛市第四届委员会（1980年11月至1984年3月）	妇女工作委员会	周世英	牟秀云　淳于淑兰　宇文华　许世英	姚　敏　王秀英　柳淑贞　唐玉清　唐金秀　孙海伦
	经济咨询服务工作委员会	马绪涛	张积金　刘世英　马林才　丛培章　孙鸿正　李　文　刘启堂	郭绍仪　初　腾　刘工圣　李生信　舒仁凯　杨浩春　杜均寰　于文卿　于汇霖　仇缵武　金宝兴　王景伍　刘祖赉　孙级三　曲滋崙　胡辑五
民建青岛市第五届委员会（1984年3月至1989年5月）	妇女工作委员会	周世英	牟秀云　淳于淑兰　宇文华　许世英	姚　敏　王秀英　柳淑贞　唐玉清　唐金秀　孙海伦
	经济咨询服务工作委员会	马绪涛	张积金　刘世英　马林才　丛培章　孙鸿正　李　文　刘启堂	郭绍仪　初　腾　刘工圣　李生信　舒仁凯　杨浩春　杜均寰　于文卿　于汇霖　仇缵武　金宝兴　王景伍　刘祖赉　孙级三　曲滋崙　胡辑五
民建青岛市第六届委员会（1989年5月至1992年6月）	理论政策研究委员会	王礼溥	李威周　薛孝明	马安林　马瑞标　王九龄　尤慧如　孙宪悌　李致义　杨可忠　杨松年　周开桃　谭金山　鲜　燕
	联络工作委员会	张积金	杨浩春　杨培华	王衍林　王开华　孙其超　孙海伦　吕家鹏　陈进东　张正墨　宗烂卿　金　娟　范福林　赵　洁　贾　波　曹培秋　覃暄秀　崔哲浩
	经济技术咨询工作委员会	李阴梓	朱少卿　毛瑞禧	许心恃　刘昭珊　刘应林　孙文选　吕岱人　李心声　李庆彪　邢文润　苏宝明　胡彩绪　钟　评　董月秀　常育传　曹振文　梁机立　戴礼森
民建青岛市第七届委员会（1992年6月至1997年3月）	理论政策研究委员会	王礼溥	孙宪悌　丛培发　焦志谦	冯云水　卢延岁　生显卿　吕业利　刘学武　李君仲　李婉华　周开桃　张　青　张振荣　柳国琛　贾乐理　容同生　黄　芩　谭金山　潘德义
	老龄工作委员会	张积金	于文卿　于汇霖　杨浩春　宗烂卿　袁嘉绪　张永昌	马安林　王衍林　江爱光　邢文润　成林荣　张立全　张正墨　张德清　陈元璋　刘应林　刘昭珊　贾之洛　逄坫理　范林福　蒋国清　谢金莉　阚光霞

续表

届次	专委会名称	主任	副主任	委员
民建青岛市第八届委员会（1997年3月至2002年1月）	老龄工作委员会	张积金	于文卿 于汇霖 杨浩春 宗烂卿 袁嘉绪 张永昌	马安林 王衍林 江爱光 邢文润 成林荣 张立全 张正墨 张德清 陈元璋 刘应林 刘昭珊 贾之洛 逄坫理 范林福 蒋国清 谢金莉 阚光霞
	联络工作委员会	倪志涛	丛培发 巩乃炎 李信三 薛孝明	马锡华 王诚 史浩海 付宝田 孙杰 孙海伦 孙锡英 庄光华 纪令义 张家骏 臧福龙 赵洁 覃暄秀
	妇女工作委员会	金娟	孙秀云 许世英 邵素秀 荣效洁 韩莹	王伟 王晓春 王秋卫 孙瑾 李美清 李桂荣 任伯伟 吕建英 杨晶萍 陈汝滨 胡凌霄 陶宁 解思桂 曾亚男
	经济技术委员会	张振荣	亓久平 刘中华 朱秀玲 杨可忠 高大材 崔国庆	王曰顺 王以岫 尤慧良 朱顺礼 邢雷 孙文选 陈昌时 陈建德 苏宝明 纪玉存 宋文才 赵敏 邹佳莉 钟评 殷家骐 隋向人 谭金山 阚志一 穆开明 魏百森 张梅村 张玲玲 李桂兰
	理论政策研究委员会	王宁	孙宪悌 李建国 焦志谦 韩亚坤	王文君 王淑新 生显卿 卢延岁 吕岱人 李昌江 李婉华 李基磐 张青 张志成 张树民 张胜建 宋文京 杨乃瑞 陈磊 陈天鹏 贾乐理 高旭 崔坤忠 程利荣 臧贻财 魏申 徐永忠
民建青岛市第九届委员会（2002年1月至2006年12月）	理论政策研究工作委员会	王继尚	孙宪悌 李素萍 赵领娣 刘建栋	董福强 程利荣 沙恒金 李建群 王燕 周开桃 李国友 刘斌 关谦 徐永忠 逄增约 赵晋 赵玮 于兰 李耀香 单伟 赵增伟 付宝田 逄国敏 李春萍 赵忠新 李在岩 张青 宋守绂 谭大珂 孙不良 杨乃瑞 李建国 杨平 王载伟 王建成 李志杰
	妇女工作委员会	姜志荣	杨晶萍 孙锡英 高旭 韩莹 蔡燕萍 姜锋	刘时风 李美青 刘朝霞 王咏梅 王载伟 孙瑾 米粟栗 王晓春 陈汝滨 李桂荣 李冰宇 于萍 王伟 汪岷 徐懿 董来君 孙国臻 刘卫华 徐萍 战爱春 马红婷 尚亚玲 刘敏 张玲玲 刘秀梅 张蓉
	老龄工作委员会	金娟	成林荣 安邦国 范林福 刘应林 邢文润 贾波	陈建 段素坤 杨松年 于学周 田惠温 解思桂 马安林 蒋国清 潘德义 张立全 陈元璋 陈百亮 谭金山 陈世烈 高绪言 董福强 孙锡英 高大材 贾乐理

届次	专委会名称	主任	副主任	委员
民建青岛市第九届委员会（2002年1月至2006年12月）	经济工作委员会（企业家协会）	王若雄	刘中华 张顺来 邢雷 徐征 李昌 王金生 李松群 孙振新 郝逸 鲍峰	穆开明 吕咸民 赵增伟 于建军 刘伟 隋向人 焦玲 李玉亭 程瑞华 车敏 邢华昌 刘笑蕾 孔令华 王志武 辛瑞芳 王世轮 籍英秦 姜言礼 李国樑 刘新建 刘晓冬 赵萍 谢勤 李江 刘君汉 纪玉存 陈志波 魏百森 孔祥斋 陈昌实 阚志一 曲维青 任德荣 马国安 严永捷 吴联国 皮裕伟 孙大伟 孙大琪 张云江 钟世臣 彭小林 李曙明 朱新河 迟红润 马志刚 郭园园 韩文珠 曾学锋 刘安乐
	联络工作委员会	倪志涛	焦志谦 陈天鹏 刘展荣 谭大珂 刘红英 吴秀美	王淑新 臧福龙 李国琴 李燕 李高令 高俊鸿 张志成 刘树仁 陈显铭 于清国 李威 董正洁 刘卫青 李鹏 许丽君 陈宝安 潘淑婷 陈卫东 王颜刚 刘世旭 王兴国 孙宗玲 辛宏信 张树芬 孙杰 李玉浩 潘满华
民建青岛市第十届委员会（2006年12月至2011年11月）	理论政策研究工作委员会	王继尚	李广民 王宝海 刘建栋 史宏宇	曾学锋 王建华 张建华 赵玮 吴伟 刘展蓉 李建群 张宗亮 张蓉 逄国敏 刘树国 吕伟烈 唐田 赵晋 张宝良 江韬 赵领娣 梁云凤 吴慕军 郭宁 陈成意 程桂福 朱亚军 田疆 王瑞 丁启宣 路昕光 房德东
	法制工作委员会	孙晋华	张青 董锡全 王思成 李国友	孙芳龙 国丰华 辛瑞芳 陈宝安 赵文静 张莉 于永龙 于功单 伟 刘校伦 王燕 李华 欧斌 李秀丽 李翊 王瑞 李 李
	经济工作委员会	刘常青	郝逸 王金生 徐征 李昌	门振春 王宝海 孙大琪 刘笑蕾 邢华昌 吴联国 李江 李国樑 李鹏 宋继兴 杜海辉 陈卫东 陈赞 郑玉琳 赵领娣 逄增伦 崔宪会 鲁紫莲 谭春 籍英秦
	科教文卫工作委员会	倪志涛	汪岷 孔令华 杨乃瑞 谭大珂	于兰 马志刚 王军 王玮 王铎 王雪梅 王喜英 车敏 冯卫华 史全成 甘畅 刘红英 刘秀梅 孙国臻 徐凤莲 宋文京 张巍 辛宏信 姜桥 赵广俊 徐辉 穆开明

届次	专委会名称	主任	副主任	委员
民建青岛市第十届委员会（2006年12月至2011年11月）	妇女工作委员会	姜志荣	曾学锋 孙宗玲 刘娟 徐懿	马红婷 王伟 王梅 王翠 王咏梅 王晓春 王素青 王静芬 刘敏 刘宏志 刘晓倩 朱锐 孙瑾 吴秀美 张双灵 张玲玲 李燕 李冰宇 李美青 姜翠玉 徐萍 徐东钧 栾红 高飞燕 董来君 谢鑫 管淑梅 鞠捷
	老龄工作委员会	李素萍	马元青 高大材 孙锡英 杨晶萍 尤利	刘安乐 刘锐 刘静 陈锡涛 朱秀玲 王载伟 范林福 王兴国 邢文润 薛书林 王衍彬 韩莹 尚亚玲 陈腾飞 刘时凤 姜锋 高树青 付宝田 纪玉存 蓝克琴 王颜刚
民建青岛市第十一届委员会（2011年11月至2017年1月）	理论委员会	欧斌	李秀丽 张蓉 郭程 陈尚 张炳君 罗轶	范文柏 王清 陈英毅 段沛佑 孙兆明 仝一民 杨宜民 臧培华 姜杰 朱亚军 刘玉娣 邢善明 马春花 徐国栋 王利升
	经济委员会	赵晋	于青 冯理华 刘笑蕾 赵领娣 胡菡 薛光杰	高空 战德曙 王玮 郑春先 杨云鹏 程顺七 高霞 崔茂森 卢吉寿 魏金宇 曾雄伟 郭鹏 张坤 王启修 曲庶 辛若冬 辛悦亮
	企业委员会	王金生	李鹏 李志 程瑞华 张黛婕 李克 周井超	马元生 刘世旭 刘贤芳 谭春 于功 王天坤 李朝晖 王咏梅 唐莉 高天翔 全东根 张金美 陈峰 张善民 张传斌 周泉 李杨
	科教委员会	吕伟烈	鲁紫莲 杨耀民 于兰 胡雁 逄增伦 张红震	何涌 孙建 邱承琛 曹鹏利 谭春波 王静芬 张国文 刘卫华 刘佳音 于鹏 丁香财 解皓 王天林 丁玉峰 逄勇 任航 张焱
	妇女委员会	刘展蓉	赵玮 王茹 李永欣 朱锐 刘永梅 徐畅	张玲玲 王梅 王翠 沈芳 杨丰艳 刘青蓉 高志清 杨景荣 李璐 颜晓华 刘宏志 鞠捷 张海珍 张韶天 李卫 种秀美 邵文辉
	法制委员会	孙芳龙	赵文静 李国友 于永龙 陈腾飞 李翊 逄国敏	时晓 张波 朴阳园 殷鹏涛 李 李 刘兰 何德宝 孙立军 韩大更 国丰华 诸葛鹏云 王艺桥 周利 柴恩旺 王燕 牛佳霖 田冰
	文化委员会	杨乃瑞	徐辉 尹鹰 孙学峰 康杰 国振杰 郑国良	相俊 吴秀美 董克霞 杨懿 刘元柱 李柯 陈森 徐懿 宋效臣 胡永刚 刘宏军 胡润龙 魏庆祥 王丽娜 蔡一宠

届次	专委会名称	主任	副主任	委员
民建青岛市第十一届委员会（2011年11月至2017年1月）	老龄委员会	刘建栋	张亦青　刘军　张志伟　匡新　吴联国　王咏波	高大材　杨晶平　孙锡英　王衍彬　韩莹　曲平　王振光　李孟合　魏涛　艾松波　姜和平　黄彬　李阳坤　刘洪彪　衣疆　张燕　王兰才
民建青岛市第十二届委员会（2017年1月至2021年10月）	理论研究委员会	李广民	欧斌　张青　张蓉　黄朴　何湧　蔡颖雯	沙恒金　付宝田　滕文晓　徐明一　李杰　孙京信　贾晓晖　王帅　赵健　崔明华　刘勇　张晓　王海静
	经济委员会	张炳君	陈尚　孙兆明　逄国敏　胡菡　刘兰　韩民	王玮　刘来平　王炬香　刘同义　马冬冬　王文浩　李锋　马小飞　傅毅　段沛佑　孙吉飞
	企业委员会	杜海辉	刘笑蕾　李曰峰　单伟　俞纯刚　李磊　孙皓宁	全东根　王瑞　杨懿　诸葛鹏云　董福辉　张传斌　丁玉峰　辛新　杜红岩　魏海峰　李军　于东栋　罗丽　柳先知　宋瑞刚　师文桂　王岩崧　张海啸
	财政金融委员会	王静	于青　张涛　刘玉娣　郭鹏　马超　刘兵	高空　辛悦亮　辛若冬　孙继强　闫晓楠　刘时胜　龙超　张文荔　郑松林　邱华伟　杨郁　夏俊武　刘川　李敬文　张强　张岩　裴雅伟　江守伦
	科教委员会	罗轶	王玮　刘佳音　王志刚　刘元柱　谭春波　田华	张韶天　邵世峰　于鹏　解皓　任航　张焱　姜修茜　宫磊　姜勇　傅平　邢洁　徐国栋　王忠锋　宋金泉　陈建
	妇女委员会	胡雁	王茹　朱锐　刘永梅　徐畅　李璐　贾玉兰	张玲玲　王翠　沈芳　薛彩虹　张海珍　高志清　李卫　种秀美　刘锐　王美　王德芳　康善　李若瑄　黄靖轶　孙琳
	法制委员会	孙芳龙	于永龙　李翊　李秀丽　张宝良　张波　王咏海	王燕　时晓　张莉　何德宝　田冰　韩大更　孙立军　王永久　许征成　泰　崔传忠　任丽　杨子权　黄蕾　魏慎礼　李杰　于万红　王玉　王国庆
	文化委员会	葛言华	王志刚　郑国良　孙学峰　康杰　国振杰　张吉成	吴秀美　陈森　董克霞　宋效臣　邵文辉　曲忠雷　刘伦三　刘炜　冯城雯　王强　孙铂涵　袁磊　杜群利　张顺　王菲
	老龄委员会	刘建栋	张亦青　刘军　匡新　吴联国　李阳坤　刘敏	孙大琪　曹鹏利　张燕　衣疆　李孟合　王勇　陈珊　徐磊　朱天骄　王玺凯　阎红慧　高大材　李娟　张雯惠　赵健

续表

届次	专委会名称	主任	副主任	委员
民建青岛市第十二届委员会（2017年1月至2021年10月）	青年工作委员会	李　翊	葛家成 李　涛 于　超 张　燕	赵　健　张　晓　杨龙飞　戴一鸣　王国庆 赵　健（女）刘　浩　李　皓　卜祥志 李军峰　王　林　刘白雪　王玺凯　于渊超 王荟栋　牛曦辰　王洪亮　张在文　成　焘 王　华　王镇廷　吴菲婕　刘永卓　李敬文 丁浩洋　张雯惠　张　强　赵　飞　姜修茜 马小飞　李　龙　张旭东　封　涛　王至秦 刘　晨　胡　旸　李向东　曲燕妮　李舒展 袁　伟　张海啸

民建青岛市委会参政咨询委员会沿革

2019年3月16日，民建青岛市委会参政咨询委员会成立会议暨第一次工作会议召开。会议介绍了该参政咨询委的组成人员、主要职责，聘请山东省政府参事、青岛市政协副市级领导、民建青岛市委会原主委于萍为名誉主任，贾宝忠等8人为委员，徐超丽等3人为特邀委员。

名誉主任： 于　萍

轮值主任： 贾宝忠　刘常青

委　　员： 贾宝忠　刘常青　孟祥杰　郝　逸　王金生　王　静
　　　　　　赵　晋　王宝海

特邀委员： 徐超丽　刘文俭　柴方胜

分管领导： 陈增敬　王继尚

联系处室： 办公室

2019年7月26日，民建青岛市委会参政咨询委员会工作会议召开。会议由城阳区政协副主席、参政咨询委轮值主任贾宝忠主持。山东省人大常委会原副主任、民建山东省委会原主委墨文川，中国科学院院士、青岛市政协原副主席、民建青岛市委会原主委冯士筰，山东省政府参事、青岛市政协副市级领导、民建青岛市委会原主委、参政咨询委名誉主任于萍等出席会议。会上，民建青岛市委会驻会副主委王继尚介绍了市委会上半年的工作情况。随后，与会人员就市委会上半年的工作进行了讨论，提出了意见建议。最后，墨文川、冯士筰、于萍先后讲话。秘书长陈成意、副巡视员王君亮及机关各处（室）负责人参加会议。

2021年9月23日，民建青岛市委会参政咨询委员会会议召开。民建青岛市委会秘书长陈成意通报了十二届市委会的工作开展情况，民建青岛市委会驻会副主委王继尚介绍了市委会的换届政策以及筹备进展情况，与会人员对参政咨询委员会的工作制度和下一步工作计划进行了讨论。会议推选于萍、陈增敬担任参政咨询委员会名誉主任，由王继尚担任参政咨询委员会主任。最后，于萍和陈增敬分别讲话。

名誉主任：于　萍　陈增敬

主　　任：王继尚

副 主 任：姜志荣

委　　员：董福强　贾宝忠　刘常青　孟祥杰　郝　逸　王金生
　　　　　赵　晋　孙晋华　董锡全　王颜刚　于　青　刘笑蕾
　　　　　赵广俊　唐　田　王志刚

特邀委员：徐超丽

秘 书 长：刘建栋　全　渊

联系领导：曹丽辉

联系处室：办公室

民建中央画院青岛分院沿革

时间	民建中央画院青岛分院					
	名誉院长	顾问	院长	执行院长	副院长	秘书长
2011年11月至2017年1月	于萍	贺中祥 曾先国 郝国英 张正墨 杨乃瑞	王继尚	宋文京	谭大珂 赵敦玲 董锡全	许影 蔡一宠
	艺术委员会			鉴藏委员会		
	主任	副主任	委员	主任	副主任	委员
	谭大珂	胡文轩 刘升语 郭立 王福林	马志刚 刘宏军 米粟粟 孙健 孙桂金 杨平 何毅 张海珍 胡永刚 栾红 傅雷芬 关瑛	李昌	赵广俊 邢华昌 刘建栋 李孟合 刘常青	王天林 孙建国 孙皓宁 辛宏信 姜和平
	名誉院长	顾问	院长	副院长	秘书长	副秘书长
2017年1月至2021年10月	王继尚	杨乃瑞 谭大珂 赵敦玲 李昌	宋文京	董锡全 胡文轩 赵广俊 王志刚	许影 蔡一宠	张海珍 潘军众
	艺术委员会			鉴藏委员会		
	主任	副主任	委员	主任	副主任	委员
	胡文轩	刘升语 郭立 张海珍	马志刚 刘宏军 米粟粟 孙健 孙桂金 何毅 胡永刚 栾红 关瑛 吴秀美 薛俊家 杜山河 林高功 韩新江 杨海君 王建中 鞠国文 刘海涛 崔杨雯斐	赵广俊	邢华昌 刘建栋 李孟合 王强	王天林 孙建国 孙皓宁 辛宏信 姜和平 于庆勇 张海川 邵文辉

后　记

　　《青岛民建简史》一书的编撰工作自2020年年初启动，历时一年多完成。它在《青岛民建六十年》原有框架结构的基础上，对各章节的内容进行了审校、补充、完善和调整，力求全面、客观、真实地反映民建青岛地方组织的发展历程。全书分为正文和附录两大部分。全书按民建青岛地方组织发展的顺序划分章节，按参政党职能和当时开展的主要工作编排内容，记述了民建青岛地方组织的发展历史，方便读者查阅。附录主要收录了民建青岛市委会历届主任委员简介、民建青岛地方组织领导成员一览表、基层组织沿革和专门委员会一览表等重要资料，便于广大会员学习和了解。

　　在本书编写过程中，民建青岛市委会将其作为中共党史学习教育的一项重要工作予以高度重视，成立了由民建青岛市委会主委陈增敬担任主任的编委会，邀请民建青岛市委会部分老领导担任顾问，组成了由民建青岛市委会驻会副主委王继尚担任主编的专门编写队伍，制定了详细的工作方案。编委会多次召开会议讨论解决了各种问题。机关各处（室）人员分工明确、勤勉尽责、通力合作、克服困难，做了大量的史料收集、整理和编写工作，付出了巨大的努力。宣传处根据编委会意见，在各处（室）提供的会史素材基础上撰写初稿，并反复修改、刊误、补充完善。在广泛征求意见的基础上，经过全体编撰人员的共同讨论、反复修改，《青岛民建简史》最终完成。其中，由王继尚为主拟订修编方案和思路，以陈成意为主协调组织各处（室）收集资料，以刘京杰、曹丽辉、王媛媛、谢鑫、全渊为主编写初稿，以王继尚、王君亮、任蕾为主统稿修改。全书由陈增敬、王继尚最后审稿和定稿。

　　本书的顺利付梓，得到了方方面面的支持与帮助。在《青岛民建简史》的编撰过程中，民建青岛市各基层组织和市委会机关全体同志积极参与并全力支持和配合编撰工作，市委会老领导、老会员提供了珍贵照片、资料和修改意见。《青岛民建简史》一书还得到了民建山东省委会、青岛市政协、中共青岛市委统战部的关心和指导，得到了青岛市档案局的帮助、支持。在此，我们谨向给予本书大力支持的各位领导、专家和广大会员表示衷心的感谢！

2021年，在中国共产党百年华诞之际，《青岛民建简史》的出版有着深刻的政治意义和现实意义。但由于水平所限，且因本书历史跨度大、范围广、部分史料遗失等导致一些档案资料收集困难，内容虽经反复核实、修改，但难免有不妥和错漏之处，肯请广大会员和读者批评指正，以便日后补充完善。

《青岛民建简史》编委会

2021年10月